심리학 덕분에
사회생활이
편해졌습니다

심리학 덕분에 사회생활이 편해졌습니다

필요할 때 바로 써먹는 실전 심리학	행성B
부웨이신 지음	임지영 옮김

세상이 복잡해질수록 사람들은 하나의 역할에 머물 수 없게 되었다. 사회라는 무대에 올라간 이상 여러 개의 가면을 시시때때로 바꿔 쓰지 않으면 안 된다. 직장에서는 물론이고 대인관계와 가정에서조차 여러 역할을 맡아야 하는 피로감이 극심해지고 있다. 사회라는 이름의 정글 생태계에서 도태되지 않으려면 한시도 긴장을 늦춰선 안 되기 때문이다. 또 오늘의 친구가 내일의 적이 되는 세상에서 인간관계의 미래는 예측할 수 없게 되었다.

　매 순간 살얼음판 위를 걷는 상황에서 이러한 갈등은 비단 직장에서만 벌어지지 않는다. 흔히 안식처라고 하는 가정 역시 더 이상 최후의 보루가 아니기 때문이다. 생계 유지, 부부 관계, 자녀 양육 등으로 인한 사건과 사고는 신문기사 사회면의 단골 메뉴가 된 지 오래다. 과거엔 사회생활의 꽃에 비유했던 친목 모임에서도 이익을 둘러싸고 인맥을 쌓느라 몇 배나 치열한 눈치 싸움이 벌어지고 있다.

그러나 눈에 보이지 않는 팽팽한 줄다리기 중에도 다양한 역할 변신을 완벽히 소화해내는 고수들이 존재한다. 사회생활에서는 때와 장소에 따른 세련된 매너와 에티켓이 필수다. 진정한 사회인으로 거듭나려면 타인과 관계를 맺을 때 능수능란하고 유연한 태도를 갖춰야 한다. 그러나 현실에서 사람들이 맞닥뜨리는 학업과 취업, 비즈니스와 인간관계, 연애와 결혼으로 이어지는 인생의 매 단계는 산 너머 산이라고 해도 과언이 아니다. 요람에서 무덤까지 우리는 매 순간 관계의 돌부리에 걸려 넘어지기 일쑤다.

뼈 빠지게 일했는데 왜 매번 승진 대상자에 들지 못하는 걸까? 누구나 영원한 행복을 맹세하지만 몇 년이 채 되지 않아 이혼과 별거가 속출하는 이유는 뭘까? 이 책은 우리 주변에서 흔하디흔한 고민 사례를 수집해 그 원인을 진단한다. 과학기술은 눈부시게 발전하는데 사람들의 고독은 더욱 깊어진다. SNS의 팔로워 숫자는 늘어나지만 정작 속마음을 털어놓을 친구는 점점 줄어든다.

이러한 모순의 원인은 자신에게 숨어 있는 경우가 많다. '인생은 원래 가시밭길'이라든지 '고독한 팔자' 혹은 '기구한 운명' 따위의 평계로 자신을 몰아붙여선 안 된다. 불행은 스스로 마음의 문을 닫는 순간 자라난다. 사람들의 마음을 짓누르는 원인은 일상에서 다양한 역할 수행을 감당해야 한다는 부담감에서 비롯된다. 이 문제를 해결하는 열쇠는 마음의 밑바닥까지 내려가서 자신의 그림자를 들여다봐야만 찾을 수 있다. 그렇게 자정 작용을 시작하는 스위치를 스스로 누르는 순간, 지금까지 자신을 압박하던 모든 고민이 눈 녹듯 사라질 것이다.

사회심리학은 개인과 집단의 사회심리현상을 연구하는 학문이다. 인간은 또 다른 개인 혹은 집단과 서로 교류하는 과정에서 자신의 생각과 감정, 행동을 조율한다. 또 타인과 관계를 맺고 이를 유지하면서 자아를 알아가고 개성을 발휘한다. 이러한 개인의 심리현상은 집단과 사회 전체의 분위기까지 좌우한다. 즉 개개인의 속성에 따라 폐쇄적이거나 개방적인 사회가 되기도 하는 것이다. '남들은 아무 걱정 고민 없이 잘만 살아가는데 왜 내 인생은 이토록 고달플까' 하는 하소연을 늘어놓기 전에 사회심리학으로 이런 고민들을 해결하는 방법을 찾아보는 건 어떨까.

이 책에 나오는 생생한 사례들은 현실과 밀착돼 있어 우리 모두의 문제를 진실한 눈으로 돌아보게 해준다. 또 사회심리학 입문자를 위한 안내서로서 제 역할을 해줄 거라고 기대한다. 직장 내 갈등이나 인간관계와 관련된 고민은 특히 독자들이 공감하리라 생각한다. 비록 개개인이 처한 상황에 일일이 맞춰 속 시원하고 구체적인 해답을 제시할 수는 없지만, 좀 더 근본적인 분석을 토대로 사회심리학적으로 접근해볼 것이다. 인생이라는 큰 무대에서 박수갈채를 받고 싶다면 여러 페르소나를 연출하는 배우가 될 필요도 있지 않을까.

3장
성공의 심리학
사회 초년생은 어떻게 인재로 단련되는가

제2부 사람이 재산이다
─인간관계

1장
각인의 심리학
첫인상은 당신의 가치를 결정한다

2장
관계의 심리학
관계의 달인은 어떻게 탄생하는가

제3부 험난한 세상으로부터 나를 지킨다
―환경과 건강

1장
환경의 심리학
어지러운 세상에서 어떻게 중심을 잡아야 할까

2장
건강의 심리학
영혼이 울리는 경고음에 귀를 기울여라

제1부

이왕이면 즐겁게

직장 생활

1장

직장 상사의 심리학

상사를 알면
길이 보인다

PR 효과
허세가 아니라
자신감이다

겸손의 문화는 동양적 사고에서 비롯된 덕목이다. 어릴 적부터 겸손의 미덕을 주입당한 결과, 막상 성인이 된 후에는 이것이 왜곡된 형태로 드러난다.

우리 주변에서는 자신의 존재를 부정하고 능력을 스스로 평가절하하는 것을 겸손의 미덕인 양 착각하는 경우가 비일비재하다. 개성을 마음껏 표출하거나 자의식을 강하게 드러내면 자칫 오만방자하고 경솔한 태도로 비춰지기도 한다.

하지만 개성과 능력을 드러내는 것은 단순히 허세가 아니라 자신감의 정당한 발현이다. 더구나 현대사회에서는 자신을 표현하는 능력이 뛰어난 사람에게 더 많은 성공의 기회가 주어진다.

겸손함의
함정

P는 졸업이 코앞으로 다가온 일명 '취업 준비생'이다. 그는 선배들을 찾아다니며 취업과 관련해 자문을 구했다. 하지만 돌아오는 답변은 무조건 겸손하라는 충고가 대부분이었다. 기업 면접에서 자칫 튀는 행동을 할 경우 감점의 요인으로 작용한다는 것이었다.

기업의 인력관리 담당자가 제일 싫어하는 유형이 혼자 잘난 척하는 지원자라는 선배들의 충고를 귀에 못이 박이도록 듣게 된 P는, 그 후 면접을 보러 갈 때마다 너무 튀는 답변을 하지 않으려고 눈치를 보았다. 행여 주머니 속의 송곳처럼 두드러지는 답변과 행동을 했다가 "모난 돌이 정 맞는다"는 말처럼 역효과를 낼까 봐 매번 소극적인 태도로 면접에 임했다.

결과는 P의 기대를 완전히 벗어났다. 어느 기업에서도 P를 불러주지 않았다. 그는 대학 시절 내내 학점 관리도 철저히 했고 인턴으로 근무하면서 실전 경험도 남부럽지 않게 쌓았다고 자부하고 있었기에 도무지 자신이 불합격한 이유를 알 수 없었다.

어느 날 P는 자신을 떨어뜨린 한 기업의 인사 담당자에게 메일을 보냈다. 대체 어떤 점이 부족해서 불합격시켰는지 이유를 묻자, 며칠 뒤 담당자로부터 다음과 같이 회신이 왔다.

"저희 기업은 원칙상 귀하의 질문에 답변드릴 이유가 없습니다. 하지만 면접 결과에 승복하지 못하는 지원자들로부터 수많은 항의 메일을 받는 상황에서 귀하처럼 뛰어난 스펙을 갖춘 지원자는 많지 않습니다.

다만 우리는 면접 심사를 통해 귀하를 뽑아야 할 이유를 찾지 못했습니다. 간단히 말씀드리면 귀하는 다른 지원자에 비해 자신감이 눈에 띄게 떨어졌으며 무엇보다 신입의 패기를 찾아볼 수 없었다는 점이 무척 유감스러웠습니다.

우리는 자신의 능력을 스스로 발휘하고 책임질 수 있는 인재가 필요합니다. 귀하처럼 소극적인 지원자는 입사 후 실제 업무에 투입되었을 때 성과를 기대하기 어렵습니다. 자신의 능력을 의심하는 사람은 결국 그 이상 기대를 충족시키지 못하기 때문에 아쉽지만 귀하의 탈락은 불가피한 결정이었습니다."

인사 담당자의 메일을 통해 면접에 실패한 원인을 알게 된 P는 적지 않은 충격을 받았다. 그 후 면접 전략을 새롭게 정비한 P는 면접관 앞에서 자신의 능력과 장점을 조목조목 설명했다. P의 적극적이고 준비된 자세가 면접관들의 시선을 한눈에 받았음은 물론이고 합격은 당연한 결과였다.

내가 알려야
남도 알아준다

어느 자리에서든 자신을 과감하게 드러낼 용기가 있다면 무궁무진한 발전의 기회를 얻을 수 있다. 급격히 고도의 경제성장을 이룬 사회는 효율성을 가장 강조한다. 제아무리 능력자라 해도 스스로 존재감을 입증하지 않는다면 아무도 잠재력을 알아주지 않는다. 즉 모든 이에게 공평한 기회가 돌아갈 수 없다는 뜻이다.

개개인의 잠재성이 저절로 표출될 때까지 기다려주는 인내심을 사회에 기대해서는 안 된다. 특히 조직을 지휘하는 리더와 상사 들은 부하 직원 한 명 한 명에게 골고루 관심과 시간을 내줄 여유가 턱없이 부족하다.

자신의 존재감을 적극적으로 인식시키는 일은 전적으로 자신에게 달려 있다. 때에 따라서는 물불을 가리지 않는 적극성이 요구된다. 치열한 경쟁사회에서 스스로 생존 능력을 입증하지 못한다면 상사의 관심 밖으로 밀려나는 것은 시간문제다. 적절한 시기가 왔을 때 능력을 발휘하는 타이밍도 중요하지만 무엇보다 사람들의 이목을 집중시키는 'PR 효과'도 노려볼 만하다.

발전의 특권은 자신이 가진 능력의 최대치를 적극적으로 주변에 홍보하는 사람에게만 주어진다. 특히 일상에서 이런 자질을 더 발휘해야 한다. 현실 참여도가 매우 높고 경쟁의식이 치열한 이들은 자신의 뛰어난 점을 대외적으로 드러내는 일에 익숙하다. 또 언제, 어떻게 자신의 장점을 표현해야 하는지 잘 알고 있다. 따라서 보통 사람들에 비해 참여하거나 실천할 기회가 더 많이 주어지고 그 과정에서 유익한 정보와 지식을 얻는다.

적극적인 표현 욕구를 호르몬의 자연스러운 분출로 여기고 원동력으로 삼을 때, 성장의 기회는 눈앞에 무수히 펼쳐진다.

심리적 거리 법칙
웃으면서 상사의 부탁을
거절하는 법

"앞차와 간격 유지"라는 문구가 있다. 도로 주행을 할 때 추돌사고를 방지하려면 앞차와 적절한 안전거리를 확보하는 건 필수다. 사회생활에도 이런 물리적, 심리적 거리를 조절하는 게 필요하다. 간격을 두는 일은 서로에게 정서적인 안정감을 준다.

이때 '밀고 당기기'는 양쪽이 심리적으로 편안함을 느끼는 지점을 정확히 포착해야 하는데, 간격이 너무 붙거나 너무 떨어지면 모두 문제를 일으킨다. 상대에게 소외감이나 반감을 불러일으킨다면 인간관계에서 걸림돌이 될 수도 있다.

직장에서는 상하 직급의 구분이 명확하다. 상사와의 관계에서 심리적 거리의 법칙은 더더욱 민감하게 작용한다. 흔히 상사와 격의 없는 농담을 주고받는 단계에 들어서면 두 사람 사이에 친밀한 관계가 형성되었다고 오해하기 쉽다. 하지만 상사의 입장에서는 내심 불쾌감을 느낄 수도 있으며 무엇보다 동료들의 질투 어린 시선을 받을 수도 있으니 조심해야 한다.

반면에 상사를 대하는 것이 어려워서 일부러 거리를 두거나 뒤로 물러서면 오만불손하고 쉽게 다루기 힘든 직원이라는 오해를 사게 된다. 이처럼 상사와의 심리적 줄다리기에서 적정 거리를 유지하지 못하면 앞으로의 직장 생활에 빨간불이 들어올 수도 있다.

상사와 친밀한 관계를 유지하는 최대의 관건은 민감한 수위 조절에 있다. 직장 생활의 성공 여부는 양쪽 모두가 친밀감을 형성하고 서로 부딪치지 않는 최적의 거리를 유지하는 데 달려 있다.

두 마리 토끼를 모두 잃은
어느 직장인

Q가 근무하는 회사는 소규모였기에 한 사람이 열 사람의 몫을 해내야 하는 경우가 종종 있었다. 원래는 관리 업무를 맡았으나 때때로 판촉 업무에도 동원되었고 급할 때면 사장의 운전기사를 자처하기도 했다. 사장은 거래처를 찾아가 접대하는 날이면 Q를 부르곤 했다. 유독 Q를 대동하는 날이 늘어나자 동료들 사이에서 질투의 시선이 느껴지기도 했다.

급기야 Q가 없는 자리에서 그를 도마 위에 올려 험담하는 상황이 벌어졌다. Q는 사무실의 냉랭한 분위기를 감지했으나 전혀 개의치 않았다. 오히려 사장이 자신을 특별히 신임하기 때문에 벌어지는 일이라며 거드름을 피우기도 했다. 그는 사장과 동행하면서 자연스레 회사 내부의 기밀까지 알게 되었다.

그러나 자신이 사장의 최측근이라는 자부심은 그리 오래가지 않았다. 시간이 지날수록 사장의 지시는 Q의 업무 범위를 벗어나게 되었다. 예를 들어 사장의 자녀를 데리러 간다거나 가족들의 일상용품을 구입해달라는 요청까지 서슴지 않았던 것이다. 처음에는 사장의 부탁을 거절하기도 어렵고 자신을 그만큼 신뢰하기 때문이라 여겨 웃어넘겼다.

하지만 개인적인 휴식 시간마저 반납하고 사장의 사사로운 일거리를 처리하다 보니 회의감이 몰려왔다. 퇴근 후는 물론이고 휴일에도 사장에게 불려 나와서 업무와 무관한 일에 너무 많은 시간을 할애하고 있었던 것이다.

Q는 점차 본연의 업무가 아닌 사장의 개인적 부탁을 거절하기 시작했다. 이런 거절이 두어 차례 계속되자 사장의 눈초리가 달라졌다. 지시에 따르지 않는 Q에게 서운함을 표시하더니 관계마저 껄끄러워졌다.

결국 Q는 사장의 두터운 신망을 잃음과 동시에 동료들과도 어색한 사이가 되었다. 직장 생활에서 가장 중요한 두 마리 토끼를 모두 놓친 셈이었다.

상사와의 관계에서도
'밀당'이 필요하다

직장 생활을 하다 보면 상사의 눈도장을 받고 싶은 마음에 때때로 애매한 부탁이나 개인적인 요청을 해결하는 구원투수로 나설 때가 있다. 밥벌이의 굴레에서 벗어날 수 없는 직장인이라면 상사의 부탁에 칼같이 선을 긋는 것만이 능사는 아닐 테다. 다만 상식적인 수준을 벗어난 상사의 요청에 매번 응하다 보면 끝내 서로 등을 돌리게 되는 상황이 벌어지지 않는다고 보장할 수는 없다. 더구나 동료 사회에서 혼자 외톨이가 되는 최악의 상황도 각오해야 한다.

상사와 친밀한 관계를 맺을 때 얼마나 적절하게 밀고 당기기를 하느냐 하는 문제는 사람과 상황마다 다를 수밖에 없다. 하지만 사회생활의 성패가 달린 문제이기 때문에 돌이킬 수 없는 파국을 맞이하지 않으려면 모든 촉을 총동원해야만 한다.

° 상사의 말이라면 일단 접수하자

상사의 지시에 따르고 업무를 완수하는 일은 직장인의 필수 덕목이다. 상사가 자신의 결정에 최대한 순응하는 사원을 선호하는 것은 두말할 나위가 없다. 만약 상사의 지시 사항이 부당하다고 느낄 때는 그 자리에서 즉각적인 반대 의견을 내놓기보다는 개인적인 자리에서 조용히 반론을 제시하거나 이성적인 피드백을 내놓는 것이 바람직하다.

무엇보다 상사의 지시가 떨어지면 최대한 빠른 시일 내에 눈에 띄는 성과를 보여주어야 한다. 개인적 지시가 있을 때 최대한 성의를 보인다면 상사의 신망을 얻는 최고의 기회나 다름없다.

° 개구리가 올챙이 적 생각 못하면

위기 상황에서 상사의 구원투수가 되었다면 충분히 보상을 기대할 수 있다. 다만 개구리가 올챙이 시절을 잊듯이 초심을 잃고 거들먹거리는 태도를 보인다면 모든 공이 물거품이 될 수도 있다. 상사의 신망을 얻었다고 확신해 자칫 오만한 행동을 하거나 자신의 공로를 내세우려 든다면 스스로 공든 탑을 무너뜨리는 결과를 가져온다.

상사로부터 받은 포상을 상사와 동등한 관계가 형성된 것으로 오해하지 말라. 실제로 수많은 직장인이 격려와 포상을 받고 나서 오히려 직장 안에서 신임을 잃는 사례가 적지 않기 때문이다.

그러므로 상사의 요청은 자신의 직분과 능력 안에서 수락할 것, 감사의 뜻을 표할 때는 절대 자신의 입으로 공을 떠벌리지 말 것, 이유야 어찌 됐든 상사의 비호를 등에 업고 본분을 망각하는 행동을 하지 말 것. 이상은 순조로운 직장 생활을 유지하는 십계명이라 할 수 있다.

° 사무실에서는 알아도 모르는 척

대화에도 직급이 따른다. 아무리 친밀한 사이라도 직장에서는 위계질서를 무시할 수 없다. 친밀함의 표시로 제멋대로 행동하지 말라. 항상 자신의 직분과 분수를 염두에 두어야 한다.

사무실 안에서 벌어지는 일에 지나친 호기심을 보이며 간섭할 경우 선을 넘을 우려가 있으므로 자제하는 것이 좋다. 사무실에서는 알아도 모르는 척 해야 하는 상황이 있다. 입 밖으로 무슨 말을 내뱉기 전에 반드시 검열을 거쳐야 한다.

° 상사의 불가침 영역을 넘어섰을 때 생기는 일

상사의 신임을 얻고 싶다면 그의 심리를 꿰뚫어보아야 한다. 다만 누구에게나 비밀스러운 영역이 있다는 점을 간과해서는 안 된다.

특히 기업 관리자들은 보안을 생명으로 여기므로 상사의 의중을 넘겨짚고 주제넘게 발설하거나 공개적으로 떠벌리는 일은 금물이다. 상사의 불가침 영역을 넘어서는 순간 신망은 광속으로 사라진다.

눈빛 언어의 법칙

상사에게도 때론
말 못할 사정이 있다

눈은 영혼의 창이다. 비록 타인과 소통하기 위해 언어를 사용하지만 말은 진솔한 감정을 모두 전달하는 데 한계가 있다. 눈빛은 천 마디 말보다 더 많은 의미를 담고 있다. 눈치 경쟁이 치열한 직장에서 상사의 눈빛을 읽는 일은 때때로 업무 능력보다 중시된다.

사무실은 서로의 이익이 상충하는 공간이다. 서로 다른 입장과 처지에 놓인 사람이 모여서 하나의 조직을 형성하다 보면 표면적으로 드러나는 사실 뒤에 복잡한 경우의 수가 존재한다. 하지만 진실과 거짓을 함부로 공개할 수 없는 사안도 적지 않다. 직장에서 권위와 품위를 유지해야 하는 관리자나 상사는 개인적인 감정을 마음대로 드러내기 힘들기 때문에 말 못할 사정이 있을 수밖에 없다.

상사의 곤혹스러운 눈빛에서 그들의 고충을 읽어내고 해결사를 자처할 경우 직장 생활은 탄탄대로를 걷게 될 것이다. 고유의 인사권을 가진 상사의 의중을 파악하는 능력은 사무실에서 벌어지는 경쟁에서 우위를 차지하게 함은 물론이고 가시밭길을 꽃길로 바꾸어놓는다.

평사원 H가 수석 비서로
발령받은 이유

H는 입사 1년 만에 회사 대표의 수석 비서로 발령받았다. 문과 출신의 일개 평사원이었던 그녀가 이처럼 쾌속 승진의 행운을 누릴 수 있었던 비결은 무엇일까? H의 입사 동기들은 수수한 외모에 명문대 졸업자도 아닌 그녀가 수석 비서로 전격 발탁된 배경에 관해 의견이 분분했다. 혹시 회장의 숨겨놓은 딸은 아닌지, 남다른 집안 배경을 가진 것은 아닌지 모두의 눈과 귀가 집중되었다.

그녀의 입사 동기 중에는 뛰어난 재력을 과시하는 출신 배경과 화려한 스펙을 가진 이들이 훨씬 많았다. 따라서 평범한 중산층에 불과했던 그녀의 승진은 신데렐라에 비유될 만큼 사내의 화제가 되고도 남았다. H의 성공 스토리는 특별한 케이스에 속했지만 사실은 대표의 난처한 입장을 재빨리 파악하고 현명한 조치를 취한 것이 발단이 되었을 뿐이다.

H는 입사 초기에 프런트 데스크의 안내를 담당했다. 전화 응대와

방문객을 맞이하고 다과를 준비하는 수준의 단순 접대 업무였다. 하루는 대표의 입장에서 상대하기 다소 껄끄러운 관계에 있던 방문객이 회사를 찾아왔다. 대표의 평소 말투와 취향을 정확하고 자세히 파악하고 있던 H는 그날따라 그가 보인 행동에서 이상한 점을 발견했다.

커피를 한 모금 마신 대표가 "오늘은 커피 맛이 좀 씁쓸하군요"라고 말하는 것이 아닌가. 순간 H는 대표의 눈빛에서 그가 매우 난처한 상황에 처해있음을 눈치챘다. 회장의 말투에서 '방문객과 만나고 싶지 않다'는 신호를 감지한 그녀는 곧장 밖으로 나왔다.

5분 뒤 H는 안으로 들어가 다급한 목소리로 이렇게 말했다. "말씀 나누시는 도중에 죄송합니다. 방금 이사회에서 긴급회의가 소집되었다고 연락이 왔습니다. 손님께는 죄송하지만 대표님은 지금 즉시 회의장으로 자리를 옮기셔야 할 것 같습니다." 긴급 상황을 강조하는 H의 말투 때문에 방문객은 항변할 여지가 없었다.

그날의 임기응변은 대표의 뇌리에 강한 인상을 남겼는데 그 뒤에도 그녀는 대표가 난처한 상황을 모면할 수 있도록 수차례 기지를 발휘했다. 더구나 평소에도 모든 일에 성실하고 부지런한 H의 근무 태도를 높이 산 대표는 그녀를 자신의 수석 비서로 삼기로 결심했다.

직장 생활에선 눈빛만
읽어도 성공이다

H는 입사 초기만 해도 가장 말단 직원이었고 조직 내에서 비중이 전혀 없는 단순 접대 업무를 맡고 있었다. 아무리 열심히 일한들 빛을 보기 어려운 자리였다. 그러나 상사의 눈빛과 말투에 담긴 의중을 세심하게 관찰한 덕분에 수석 비서로 최종 낙점을 받을 수 있었다.

이처럼 눈빛 언어에 민감한 직원을 둔 상사의 입장에서는 든든한 지원군을 얻은 것이나 다름없다. 흔히 약육강식의 세계에 비유되는 직장에서 이러한 생존 능력은 종종 신데렐라 스토리를 창조한다는 사실을 명심하라.

° 눈빛을 읽는 사람이 진정한 승자

눈동자의 움직임은 내면의 변화를 고스란히 드러낸다. 사람의 동공은 반감을 느끼거나 부정적인 자극을 받으면 수축한다. 얼굴 근육이 긴장하면 부자연스러운 표정으로 나타나고 눈동자는 불안하게 움직인다. 반면에 호기심을 느끼거나 긍정적인 자극을 받으면 동공은 확대되고 눈빛은 광채를 띤다.

눈동자는 인간의 뇌 활동을 투영하는 스크린이라 해도 과언이 아니다. 만약 대화를 나누는 도중에 상대의 눈빛이 안정적이고 동공의 움직임이 적다면 진지하게 경청하고 있다는 증거다. 하지만 눈빛이 흐릿하거나 동공이 빠르게 움직이고 있다면 잡념에 빠져 있거나 현재 대화 내용에 흥미를 느끼지 못한다는 뜻이다.

눈을 감았다 뜨는 동작 하나하나에도 심리 상태가 반영된다. 사람들은 풀이 죽거나 의기소침해지면 무의식중에 눈꺼풀을 아래로 내린다. 만약 대화 도중에 상대가 눈을 반쯤 뜨고 있다면 매우 오만한 태도를 드러내는 것이다. 눈빛이 보내는 내밀한 신호를 감지하는 능력은 사무실에서의 처세에 큰 도움이 되며 은연중에 유리한 고지를 점령할 수 있다.

° 상사의 상태를 살피는 안테나를 곤두세우자

사무실 분위기가 썰렁하거나 상사의 심기가 유난히 불편해 보인다면 최근 회사 사정이 좋지 않다는 증거다. 상사의 상태가 어떤지 살피는 안테나를 곤두세우고 크고 작은 일에 눈과 귀를 집중하면, 여러 돌발 상황을 다양한 측면에서 이해하게 된다.

상사의 눈빛을 통해 지금 어디가 불편하고 어디가 가려운지 재빨리 파악할 수 없다면 앞으로 당신의 입지도 한 치 앞을 내다볼 수 없을 것이다.

환난 공존의 법칙
직장이 전쟁터라면
상사는 전우와 같다

진정한 우정은 역경을 통해 열매를 맺는다. 인생의 시련은 진실한 감정을 담금질하는 계기이기 때문이다. 그러나 사회 전반에 물질주의가 만연하면서 직장 상사와 동료를 한솥밥을 먹는 '동지'로 여기는 사람은 거의 없다. 회사가 위기에 처할 때마다 '전우애'를 들먹이며 운명 공동체를 내세우는 구시대적 구호는 이제 더 이상 통하지 않는 시대가 되었다.

현대사회에선 평생직장이라는 개념이 사라진지 오래다. 직업군이 끊임없이 변하거나 사라지면서 서로의 이익이 상충되면 언제라도 등을 돌릴 수 있다. 자신의 밥벌이에 도움이 안 된다는 판단이 서면 각자도생의 길을 선택하는 것은 인지상정이다. 이런 살벌한 풍경을 단순히 황금만능주의적인 세태의 탓으로만 돌리기는 어렵다.

운명 공동체 의식을 바탕으로 동료애를 발휘하는 일은 숭고한 일이 아닐 수 없다. 당신이 현재 몸담고 있는 회사에 위기가 닥쳤을 때나 상사의 고충을 등한시하지 않고 한마음으로 극복하려는 의지를 보인다면 머지않아 일개 평사원 수준을 뛰어넘는 보상과 대우를 받게 될 것이다.

동료와 조직을 배신한 직장인의 최후

모 기업에서 중요한 직책을 맡고 있던 A는 뛰어난 지략과 업무 능력으로 회장의 신망을 한 몸에 받고 있었다. 승진을 앞두고 인사이동 시기가 다가오자 A는 기대감에 한껏 부풀었다. 그러나 2007년, 전 세계에 느닷없이 닥쳐온 경제 불황의 늪에 빠진 기업은 도산을 피할 수 없게 되었다. 회장은 파산만큼은 막아보려고 백방으로 뛰어다녔지만, A는 기사회생을 장담하던 회장의 간곡한 만류를 단칼에 거절했다. 설상가상으로 기밀 서류를 몰래 빼낸 뒤 사표를 던졌다.

다음날 경쟁사를 찾아간 자리에서 A는 전에 재직한 회사의 기밀 서류를 넘기는 조건으로 전폭적인 대우를 요구했다. 경쟁사의 대표는 A의 은밀한 거래를 흔쾌히 반기며 높은 연봉과 고위 직책을 약속했다. A가 제공한 기밀 덕분에 경쟁사는 유리한 고지를 선점하게 되었고 A

는 자신의 공을 당당히 내세웠다.

하지만 경쟁사의 대표는 갑자기 입장을 바꾸며 이렇게 말했다. "솔직히 말해서 자신을 키워준 회사가 위기에 처했을 때 일급 보안 서류를 다른 회사로 빼돌린 사람을 어떻게 믿을 수 있겠나? 자네가 나중에 우리 회사의 보안 자료를 다른 회사로 팔아넘기지 않는다고 아무도 보장할 수 없네. 하루아침에 동료와 조직을 배신한 자네는 우리도 별로 달갑지 않다네. 미안하지만 지난번에 내가 한 얘기는 없던 걸로 하고 앞으로는 나를 찾아오지 말게." A는 경쟁사에서도 일자리를 잃고 쫓겨났으나 누구를 붙잡고 하소연할 수도 없었다.

몇 달 뒤 세계 경제가 안정을 되찾자 A의 전직 회사 역시 기사회생으로 사세를 회복했다. A는 그때까지도 여러 회사를 전전하며 문전박대를 당하다 염치불구하고 옛 상사를 다시 찾아갔다. 그는 옛정을 들먹이며 복직을 호소했으나 상사는 단칼에 그를 거절하며 이렇게 말했다.

"이 업계가 얼마나 좁은지 자네도 잘 알지 않는가? 자네처럼 간에 붙었다 쓸개에 붙었다 하는 인간을 받아줄 회사는 없다네. 우리는 요즘 업무가 너무 바빠서 자네와 차 한 잔 마실 시간도 없으니 그만 돌아가주게." A는 자신이 업계의 '블랙리스트'에 올라 있다는 사실을 확인했을 뿐이다.

위기에서도 신뢰와 도덕이
우선이다

기업 내부에는 소위 블랙리스트가 존재한다. 회사가 위기에 처했을 때 '공생공존'이라는 직업적 양심을 지키기는커녕 일급 보안 문서를 외부로 빼돌린 행위는 불난 집에 부채질하는 것보다 더 악랄한 짓이다. 아무리 뛰어난 인재라 해도 이처럼 도덕심이 결여된 사람은 이 사회 어디에도 발 디딜 곳이 없다.

따라서 자신을 발탁해준 상사나 조직과 운명 공동체 의식을 가지고 위기와 어려움을 함께 하는 일은 자신의 잠재력을 시험하는 절호의 기회이자 도덕 수준과 품행을 입증하는 관건이 된다. 끈끈한 동지애는 시련 앞에서 더욱 빛을 발하는 법이지 않은가.

유혹에 눈이 멀어 조직과 상사를 배신하는 행동은 금물이다. 누울 자리를 보고 다리를 뻗고 싶은 마음은 인지상정이지만 때론 명분도 중요하다. 사회라는 무대에서는 신뢰를 바탕으로 나보다는 조직을 먼저 생각해야 한다. 운명 공동체라는 굳은 신념으로 태풍이 지나가기를 기다린다면 태양은 다시 떠오르기 마련이다.

˚ '재주는 곰이 넘고 돈은 왕 서방이 벌'지라도

직장 생활의 애환은 끝이 없다. 직장인 중에는 자신을 거대한 조직의 단순 부품으로 여기는 사람들이 있다. 눈비 맞아가며 콩나물시루 같은 만원 버스에 몸을 욱여넣고 출근해도 열심히 일한 성과는 상사가 가로채고 자신은 쥐꼬리 같은 월급이나 받아갈 뿐이라며 푸념을 늘어놓는다.

소위 "재주는 곰이 부리고 돈은 왕 서방이 번다"는 속담처럼 회사만 몸집을 불려갈 뿐, 일개 사원은 언제 잘릴지도 모르는 하루살이 운명이라는 자조 섞인 하소연이 이어진다. 그러니 나부터 살고 봐야지 회사 사정을 봐줄 필요가 어디 있느냐고 되묻는다. 이런 사고 방식은 하나만 알고 둘은 생각하지 못하는 근시안적인 태도다.

비록 말단 직원이라도 한 사무실에 몸담고 있는 이상 같은 배를 탄 운명 공동체. 상사는 단지 조타수 역할을 할 뿐이다. 폭풍이 치는 바다에서 한마음으로 합심하지 않으면 다 같이 침몰하게 된다. 바람직한 직장인의 태도라면 직분을 지키며 다른 유혹에 눈을 돌려서는 안 된다.

더구나 조직의 위기 앞에서 '내 소관도 아닌데 알 바 아니다'라는 태도는 버려야 한다. 주인 정신을 토대로 공동체의 짐을 함께 나눌 각오가 되어 있지 않다면 직장 생활에서 오래 버틸 수 없다.

˚ '이 또한 지나가리라'는 만고의 진리

어떤 조직도 무너질 위기가 닥칠 수 있다. 올곧은 마음으로 '이 또한 지나가리라'는 믿음을 가져야 한다.

동료와 서로 다독이며 고통을 분담한다면 시련의 시간은 반으로 줄어든다. 아무리 손해 보기 싫다고 해도 무조건 억울해하지 말고 더 큰 차원에서 이기심을 자제해야 한다.

의존 효과
능력과 열정 이상으로
직장인에게 필요한 것

심리학에서 '의존 효과(Dependence Effect)'는 두 개체 사이에서 발생하는 현실적이고 객관적인 수요로 인해 형성되는 심리적인 의존을 말한다. 이런 현상은 주변에서 쉽게 찾아볼 수 있는데 특히 직장 생활에서 가장 자주 일어난다.

업무를 추진하는 과정에서 상사의 기획과 의도를 잘 살려내 곧바로 상사의 최측근으로 발탁되는 것은 가장 대표적인 사례에 속한다. 직장에는 발군의 실력을 가진 인재들이 수두룩하기 마련이라 그들 사이에서 상사의 신망을 얻기란 쉬운 일이 아니다.

소신껏 능력과 열정을 발휘하는 것도 중요하지만, 최측근 대열에 합류하고 싶다면 상사가 말하지 않은 가려운 곳까지 세심하게 긁어줄 수 있어야 한다.

늦게 직장 생활을 시작한
K가 승승장구하는 비결

모처럼 친구들과 모인 자리에서 S가 불만을 토로했다. "금융위기 여파인지 이번 달 수입이 또 줄었어." 모두 S의 처지에 공감하는 가운데 유독 K만은 지독한 불경기 따위엔 전혀 영향을 받지 않는 눈치였다. 그도 그럴 것이 K의 회사는 그의 기지 넘치는 기획안 덕분에 금융 사태를 무사히 넘길 수 있었고 K에게 격려금까지 지급했기 때문이다.

사실 K는 S보다 훨씬 늦게 직장 생활을 시작했다. 그나마 S의 추천 덕분에 오랜 백수 생활에 종지부를 찍을 수 있었다. 그러나 불과 2, 3년 만에 두 사람의 처지는 뒤바뀌게 되었다. K는 팀장으로 승진했으나 S는 여전히 평사원 자리를 전전하고 있었다. 과연 두 사람의 차이는 무엇일까?

K는 오랜 취업 준비 과정에서 전문성을 쌓았으며 무엇보다 열정적인 태도가 돋보였다. 상사들이 K에게 전적인 신뢰를 보내는 것은 당연한 일이었다. 누구나 난색을 표하며 맡기를 꺼려하는 업무도 K의 손에 넘어가면 거뜬히 해결되었으니, 그가 장기 휴가 중인 기간에는 사무실이 텅 빈 것 같았다.

사무실에서 K의 위치는 점점 더 확고해졌다. 상사의 전폭적인 지지를 받으며 눈에 띄는 성과를 올리자 직급과 호봉이 두 배로 뛰었음은 두말할 나위가 없다. K처럼 상사에게 눈도장을 제대로 찍으면 기대 이상의 강력한 후광 효과를 누리게 된다.

그러나 이런 기회가 아무에게나 주어지는 것은 아니다. 엇비슷한 실력자들을 제치고 주목을 받으려면 남다른 전략을 세워야 할 것이다.

꽃길엔 꽃만 피어 있지
않은 법이다

꽃길만 걷고 싶은가? 그렇다면 발아래 잡초부터 뽑아야 한다. 직장은 호사를 누리러 가는 곳이 아니다. 궂은일이라고 마다하거나 하찮은 일이라고 거들떠보지 않으면 설 자리가 없다. 누군가는 반드시 해야 하는 업무인데도 거창한 명분만 따지려 들면 답이 없다.

오히려 응달처럼 볕 들지 않는 자리에서 성실하게 본분을 다하다 보면 상사의 오른팔이 되어 주목받는 날이 올 것이다.

° 진흙 속에 묻힌 진주는 알아봐 주지 않는다

모든 직장인의 로망은 '나인 투 식스(9 to 6)', 이른바 '저녁이 있는 삶'이다. 지각과 결근을 하지 않은 성실성만으로는 직장인의 본분을 충분히 다했다고 할 수 없다. 우수한 엘리트 사원의 꼬리표를 달려면 그 이상의 노력이 요구된다. 특히 까다로운 상사에게 눈도장을 찍으려면 희생도 감수해야 한다. 회사 입장에서 인재의 기준은 회사에 대한 기여도로 결정된다.

특히 회사의 가치를 새롭게 만들어낸다면 인사고과에 반영되는 것은 당연하다. 따라서 입사 후 주어진 업무뿐만 아니라 능력이 닿는 한 다방면에 관심을 보여야 한다. 상사들은 진흙 속에 묻혀 있는 진주는 결코 알아봐 주지 않는다.

° 능력을 갖추는 것만이 다가 아니다

조직은 구성원의 충성을 바탕으로 발전한다. 고학력 인재가 넘치는 시대에 관리자들이 선호하는 자질은 평준화된 능력이 아니라 신의와 충성심이다.

능력을 갖추는 것은 기본이고 회사에 충성하고 기여함으로써 기업의 또 다른 가치를 이끌어낼 인재라면 어디서든 환영할 것이다.

° 직장 생활에서도 업그레이드가 필요하다

현대는 지식과 정보 사회다. 직장인들의 치열한 경쟁 심리는 정상 수준을 벗어난 지 오래다. 인재가 넘쳐나는 직장에서 자신만의 입지를 구축하고 흔들리지 않는 위치를 확보하려면 업무 관련 지식과 정보를 끊임없이 업그레이드해야 한다.

상사의 오른팔로서 진정한 프로의 자리를 지키려면 남들이 대체할 수 없는 능력을 키워야 한다.

° 일을 잘하는 사람은 일을 즐기는 사람

평소 사무실에서 업무를 대하는 태도를 보면 그가 얼마나 일을 잘하는 사람인지 알 수 있다. 무슨 직종이든지 자신의 일에 최선을 다하고 즐기는 태도는 존중받아 마땅하다. 이들의 공통점은 항상 낙관적이고 열정적인 자세로 일 자체를 즐긴다는 것이다. 현실의 장벽에 부딪치거나 시련이 생겨도 마음이 요동치지 않고 바위처럼 묵묵히 견딘다.

열정적인 성향은 문제를 해결하는 실마리를 찾는 일에 적극적으로 나서기 때문에 도전을 담담히 받아들이게 된다.

"소신껏 능력과 열정을
발휘하는 것도 중요하지만,
최측근 대열에 합류하고 싶다면 상사가
말하지 않은 가려운 곳까지 세심하게
긁어줄 수 있어야 한다."

2장

직장의 심리학

직장이라는 정글에서
살아남는 법

9가지 인간 유형
차이를 인정해야
사랑받는다

조용한 사무실의 풍경은 때론 찻잔 속의 태풍 같다. 얼핏 보기에는 아무 일도 없는 듯 고요해 보이지만 뒤에서는 온갖 사건이 벌어진다. 같은 사무실 동료들 사이에 긴밀한 협업이 이루어지는 것 같아도 속으로는 더 잘나 보이고 싶은 경쟁심리로 가득한 곳이 직장이다.

그러나 직장인들이 사무실 안에서 보내는 시간은 가족과 함께 집에 있는 시간보다 훨씬 길다. 다양한 개성과 취향을 가진 사람들이 한 공간에 모여 있을 때 개개인의 성향이 전체 사무실의 분위기와 공동의 발전에 미치는 영향은 결코 무시할 수 없다.

심리학에서는 사람들의 성격을 9가지 유형으로 분류한 것을 '애니어그램(Enneagram)'이라고 한다. 이러한 분류법은 사람들의 사고방식과 성격, 행동 등을 심층 분석한 통계 결과로서 완벽을 추구하는 유형,

남을 돕는 유형, 성취감을 추구하는 유형, 특별한 존재를 지향하는 유형, 지식을 탐구하고 관찰하는 유형, 안전을 추구하는 충실한 유형, 즐거움을 추구하고 계획하는 유형, 강력한 자기주장으로 카리스마를 발휘하는 유형, 조화와 평화를 추구하는 유형으로 종합해볼 수 있다.

어떤 사람들은 애니어그램의 9가지 인간 유형 중에서 가장 바람직한 유형이 무엇인지 되묻는다. 이 질문에 명확한 기준이나 정답이 존재하는 것은 아니다. 그럼에도 불구하고 인간의 유형을 굳이 분류하는 이유는 무엇일까? 나와 다른 타인의 특성과 자질을 분명히 이해하고 인정할 수 있다면 생각의 폭을 넓히고 사회생활에서 원만한 대인관계를 이루는 데 도움이 된다. 타인과의 관계에서 서로 어긋나는 지점이 어디인지 확실히 알게 된다면 관계는 훨씬 더 유연하고 조화로워질 수 있다.

하지만 타인의 장점과 단점을 존중하고 역지사지의 시각으로 바라보는 일은 생각보다 쉽지 않다. 직장인들은 막중한 업무 때문에 받는 압박감보다는 함께 일하는 동료와의 성격 차이로 생기는 스트레스가 훨씬 더 크다고 흔히 말한다. 이 때문에 아침에 눈을 떠서 출근하는 일이 지옥처럼 느껴진다는 사람도 적지 않다. 실제로 직장 동료와 불협화음이 발생하면 사무실 분위기는 급격히 험악해진다. 동료 간의 썰렁해진 공기는 정상적으로 업무를 수행하는 데 걸림돌이 될 수밖에 없다.

예를 들어 일 처리는 꼼꼼하게 하는 반면에 속도면에서 더딘 사람이 있다. 만약 섬세한 디테일보다 큰 맥락을 중시하는 사람이 이러한 유형의 동료와 협업할 경우 매분 매초 속이 터지지 않을 수 없을 것이다. 사무실에서 조화로운 협업 관계를 이루려면 상반된 유형에 관해 이해의 폭을 넓혀야 한다.

관점의 차이가 만든
태도의 차이

광고 회사에서 일하는 A와 B는 눈빛만 봐도 상대가 무엇을 원하는지 알아차릴 정도로 손발이 척척 맞는 사이였다. 어느 날 A는 B 앞에서 무심코 다른 동료들의 험담을 늘어놓기 시작했다.

"우리 부서의 이번 기획안을 자네는 어떻게 생각해? 솔직히 내 마음에는 별로 신통치 않더군. 게다가 이번 기획안을 제안한 Y가 어찌나 유세를 떠는지 눈꼴이 시어서 봐줄 수가 없어. 평소에도 별일 아닌 일로 허세를 부리는데 그 거들먹거리는 꼴을 보고 있자니 정말 가관일세.

그리고 말이 나온 김에 J 말이야, 보면 볼수록 상종할 사람이 못 되는 것 같아. 대체 입안에 가시가 돋쳤는지 말끝마다 사람을 구석으로 몰아붙이는데 자네는 싫은 내색 하나 없이 무던하게 참아내다니

정말 대단하네."

A의 불평대로 Y와 J는 평소 자기주장이 너무 강하거나 입바른 소리로 동료들의 빈축을 사곤 했다. 하지만 B는 두 사람의 틈바구니 속에서도 잡음 없이 원만하게 지내고 있었으니 A로서는 존경스러울 따름이었다. B는 빙그레 웃으며 이렇게 대답했다.

"나도 성자가 아닌데 동료들의 비위를 일일이 맞춰줄 수는 없지. 솔직히 순간순간 부아가 치밀어오를 때가 있어. 하지만 곰곰이 생각해 봐. 세상엔 나뭇잎 하나도 똑같이 생긴 것은 없잖아. 사람도 저마다 타고난 성격이 다르니 각자의 장점을 존중하면서 함께 살아가는 수밖에 없지."

A는 B의 너그러움에 혀를 내두르며 말했다. "자기 뱃속엔 부처님이라도 들어앉았나? 하는 말마다 성인군자 같은 이야기만 하는구먼. 나는 저런 인간들 생각만 해도 치가 떨리는데."

그러자 B가 대답했다. "자기 말처럼 Y에게 제멋대로인 측면이 있긴 하지만 워낙 화통한 성격이다 보니 때론 오해를 사기도 하는 것 같아. 난 다만 그의 긍정적인 측면만 보려고 노력할 뿐이고."

A는 여전히 탐탁지 않은 표정이었고 B의 이야기는 계속되었다. "J도 주변 사람의 기를 죽이는 말투가 단점이기는 하지. 그런데 알고 보면 악의가 있진 않아. 직선적이고 솔직한 말투 때문에 스스로 손해를 보는 성격이지.

의외로 그들처럼 뒤끝이 없는 사람들과 일하면 좋은 점이 한두 가지가 아니야. 우리 부서의 팀원들 성격이 제각각이긴 하지만 의외로 공통점을 발견할 때도 있고 배울 점도 많아. 더구나 이처럼 다양한 유형의 동료들이 모여 함께 일하게 되면 서로의 단점을 보완할 수도 있으니 더 좋은 게 아닐까?"

A가 곰곰이 생각해보니 비록 Y가 주제넘게 나서는 성격이기는 하지만 가라앉은 사무실 분위기가 한결 밝아지는 장점도 있었다. J 역시 직선적인 표현이 거슬리기는 해도 그가 따끔하게 충고해준 덕분에 실수를 면한 적도 여러 번 있었다. B의 이야기를 듣고 보니 A도 전에는 보이지 않던 동료들의 장점이 하나둘 눈에 들어오기 시작했다.

다양한 동료와의 협업은 직장 생활의 묘미

A는 자신의 입장에서 항상 동료들에게 주관적인 평가를 내렸다. 팀 프로젝트를 진행할 때면 늘 의견 차이로 불편한 감정을 느꼈고, 동료들에 대한 편견을 스스로 키워나갔다. 색안경을 쓴 채로 동료들을 대하다 보니 곳곳에서 잡음이 끊이지 않았고 이들에 대한 불만이 터져 나왔다.

만약 A가 처음부터 애니어그램의 성격 유형 분류를 이해하고 있었다면 B처럼 무난하게 동료들을 대할 수 있었을 것이다. 부정적으로 인식하게 되는 타인의 결점을 자신에게는 없는 장점으로 바꾸면 우호적인 인간관계의 주춧돌이 될 뿐만 아니라 자신에게도 긍정적인 부메랑이 되어 돌아온다.

직장 생활의 묘미는 다양한 개성을 지닌 동료들과의 협업 과정에서 찾아야 한다. 사무실이라는 제한된 공간 안에서 상대의 발전을 침해하지 않으면서도 나의 고유 영역을 지키려면 각자의 개성을 있는 그대로 존중하는 태도를 갖추는 것은 기본이다. 또 상대의 장점을 취하는 대신에 나에게는 엄격한 잣대를 적용해 객관적인 시각을 유지하도록 노력하자. 이는 원만한 직장 생활을 위해서뿐만 아니라 자신의 사회적 평판을 드높이는 지름길이다.

° 한날한시에 태어난 쌍둥이도 서로 다른 법

타인은 근본적으로 나와 다르다. 이 사실부터 인정해야 한다. 신체적 특징은 물론이고 취향과 능력, 기질과 성격엔 다양한 개성이 존재한다. 한날한시에 태어난 쌍둥이도 성격과 취향이 완벽하게 일치하는 경우는 거의 없다. 생김새가 다른 만큼 성격도 다를 수밖에 없으며 이는 개개인의 의지로 바꿀 수 있는 것이 아니다.

바람직한 사회는 각 개인의 다양한 성격과 유형을 존중하고 세상에서 어느 누구도 나와 같을 수 없다는 사실을 인정하는 태도를 갖춰야 한다. 모든 불협화음은 타인에 대한 이해가 부족할 때 생기고, 이는 직장인에게 동료와의 상생을 방해하는 암적인 요인이다.

° 업무 방식은 일대일 맞춤식으로

'구동존이(求同存異)'는 중국의 대외 외교 원칙으로, '공통점은 취하고 이질적인 것은 내버려 둔다'는 뜻이다. 이러한 원칙은 비단 외교에서뿐만 아니라 직장 생활에서도 기대 이상의 효력을 발휘한다.

한 사무실을 공유하는 동료 사이에도 업무 방식에 따라 입장 차이가 있을 수 있다. 만약 상반된 성향의 동료와 협업할 때는 이 원칙에 입각할 필요가 있다. 동료의 성격이 직선적이고 화통하다면 의견을 제시할 때 분명한 어조와 적확한 단어를 사용하는 것이 좋다. 우회적인 표현보다는 정곡을 찌르는 방식으로 의사를 전달해야 한다. 만약 애매하고 완곡하게 의사를 전달하면 상대는 자칫 우유부단하고 소신 없는 태도로 받아들일 수 있다. 이런 식으로 의사소통을 할 경우 반드시 오해할 여지가 생긴다.

상대가 다혈질이라고 해서 그의 감정을 건드리지 않으려는 목적으로 말꼬리를 흐리게 되면 두 사람의 간극은 결코 좁혀나갈 수 없다. 업무상의 충돌은 무조건 피하는 것이 능사가 아니다. 서로의 시각과 사고방식이 다를 수 있음을 전제로 할 때 비로소 해소된다.

° 다르다고 해서 틀린 것은 아니다

성장 과정이나 주변 환경, 교육 수준 등 다양한 요인으로 인해 사람들의 개성은 뚜렷한 차이를 보인다. 더구나 저마다 다른 인생의 굴곡을 지나는 과정에서 서로 다른 입장을 보이는 건 당연하다.

사회생활에서는 이처럼 사사건건 의견 충돌을 빚을 수밖에 없는 상황이 부지기수다. 상대를 무조건 밀어내기보다는 그의 배경을 이해하려는 노력이 필요하다. 상대가 처한 환경을 이해하고 나면 서로 접촉하는 빈도와 대화의 수위를 결정하는 기준을 세울 수 있다.

낙천주의자는 온종일 한숨을 내쉬고 울상을 짓는 사람을 바라볼 때 색안경을 쓰기 쉽다. 도저히 이해할 수 없는 행동을 보인다고 해서 싸잡아 비난하려는 태도는 피해야 한다. 늘 침울해 보이는 사람도 사실은 다소 표현력이 없을 뿐, 그가 염세주의자라거나 성격파탄자여서 그런 것은 아니다. 만약 상대의 성장 배경이나 개인사를 감안한다면 세상에 이해하지 못할 일은 없다. 이로써 서로 마음의 빗장을 내리고 우호적인 감정이 싹트게 된다.

° 100퍼센트 완벽한 인간은 없다

100퍼센트 순금은 있어도 100퍼센트 완벽한 인간은 없다. 물과 불처럼 상반된 기질을 가진 사람들은 상대를 볼 때 단점부터 발견한다. 누구나 주관적 잣대로 상대를 재단하려 들기 때문에 '나는 선한 양이요 타인은 악마'라는 아집에 빠지기 쉽다.

직장 생활에서 협업할 때는 동료의 장점을 먼저 보고, 자신의 취약한 부분을 보완하려는 현명함이 필요하다. 완벽한 인간은 상호보완을 통해 완성된다는 사실을 잊지 말라.

° 때로는 상대방에게 빙의해본다

일상에서 불거지는 모든 문제를 항상 상대의 입장과 시각에서 해결하려는 노력을 기울여야 한다. 그러기 위해서는 상대의 속마음을 헤아리려는 역지사지의 태도가 필요하다. 상대라면 어떻게 느끼고 행동했을지 머릿속으로 시뮬레이션을 해봐야 하는 것이다.

불도저 정신

지나친 열정으로 남 좋은 일만 시키지 말자

직장 생활을 하다 보면 남 좋은 일만 시키는 경우가 있다. 뼈 빠지게 일했지만 결과는 남의 장단에 춤을 춘 어리석은 사람이 되는 것이다. 사회가 복잡해질수록 구성원들이 겪는 정서적 피로감은 스스로 감당하기 어려운 지경에 이르렀다.

목구멍이 포도청인 직장인들은 밥벌이로 인한 스트레스가 이만저만이 아니다. 자칫 처신을 잘못하면 '재주는 애써 곰이 부리고 돈은 왕 서방이 챙기는' 상황이 벌어진다.

사실 사무실은 눈에 보이지 않는 암투와 모략이 판치는 곳이다. 자신에게 주어진 책임과 본분에는 최선을 다하되, 사소한 성과를 놓고 다투느라 동료들과 불협화음을 일으켜서는 안 된다.

다만 공들여 이룩한 성과물은 정정당당하게 누릴 필요가 있다.

중간에서 눈치만 보다가는 '죽을 쒀서 개를 주는' 결과를 불러올 수도 있다.

˚ 입지를 다지려면 그저 묵묵히 일하는 것뿐

능력자들은 핑계나 구실을 붙이지 않고 자신의 업무에 사활을 건다. 이들의 공통점은 자신의 직분을 뛰어넘는 사명감과 책임의식을 발휘한다는 사실이다. 설령 상사나 리더의 위치에 있지 않아도 A부터 Z까지 주도면밀한 계획을 세운다.

이처럼 끼니도 거르면서 밤샘을 불사하는 이유는 치열한 경쟁사회에서 독보적인 위치를 선점하기 위한 것이다. "자리가 사람을 만든다"는 말이 있듯이 멍석을 깔았을 때 직책과 직분에 맞게 실력 발휘를 하지 못하면 다음 기회란 오지 않는다.

따라서 입지를 확고히 굳히고 싶다면 현재 주어진 직분에 충실해야 한다. 괜히 사소한 트집거리를 제공해 지금의 자리에 오기까지 고군분투한 성과를 다른 사람에게 넘겨주어선 안 된다. 직장 생활에서는 동료들에게 공을 빼앗기는 일이 부지기수이기 때문이다.

˚ 말 때문에 '트러블 메이커'로 찍히는 건 한순간

인간의 치명적인 약점은 바로 세 치 혀에 있다. 동료에 관한 험담은 팽팽한 기싸움이 벌어지는 사무실이라는 공간에 역풍을 일으킨다. 사람들은 흔히 강자 앞에서 형평성이나 균형감을 잃는다.

상사에게 잘 보이려는 욕심에 동료의 실수를 들먹이거나 사사건건 트집을 잡고 늘어지는 사람들이 있다. 한술 더 떠서 동료를 모함하고 궁지에 몰아넣는 경우도 적지 않다. 작은 권모술수를 써서 어부지리를 노리다가 오히려 큰 것을 잃는 결과를 가져올 수도 있다. 같은 사무실에서 영악하게 꾀를 부리면 동료는 물론이고 자신도 재앙을 면할 수 없다.

직장인들이 가장 금기시해야 할 것이 바로 동료 간의 암투와 모략이다. 관리자들은 사무실에 미묘한 기류가 흐르는 걸 가장 싫어한다. 업무상 실수는 고칠 수 있지만 이유 없이 생트집을 잡으면서 자꾸만 분란을 일으킨다면 회사 전체의 업무 효율성을 떨어뜨릴 수 있기 때문이다. 만약 사무실에서 갈등을 조장하는 '트러블 메이커'로 찍힌다면 영영 이미지를 회복할 수 없다는 점을 명심하라.

° 열심히 일한 당신, 지나치게 겸손할 필요 없다

휴가도 반납하고 야근을 밥 먹듯이 해서 얻은 성과 앞에서 지나치게 겸손할 필요는 없다.
포상금이나 승진 기회를 얻는 것은 직장인의 마땅한 권리이다. 겸손의 미덕을 발휘한다
며 자신의 공을 동료나 상사에게 돌린다면 '제 살 깎아 먹기'에 불과하다.

이런 태도를 계속 고수한다면 장차 비중 있는 업무를 맡을 기회를 놓칠 수도 있다. 스스
로 이룩한 성과와 찬사 앞에서는 당당한 태도를 취하는 것이 정답이다.

위기의 극복
실수하고 난 다음이 더 중요하다

현대사회는 요람에서부터 경쟁이 시작된다. 우리 사회는 구인구직난이 날로 심각해지면서 고학력 실업자가 넘쳐나고 있다. 피를 말리는 대학입시의 관문을 넘고 나면 치열한 취업 경쟁이 우리를 기다리고 있으며, 운 좋게 입사한 뒤에는 소리 없는 전쟁이 시작된다. 사무실의 하루는 일분일초가 살얼음 위를 걷듯이 위태위태한 상황의 연속이다.

능력의 한계에 부딪쳤을 때 가장 먼저 눈치를 보게 되는 사람은 바로 옆자리 동료일 수밖에 없다. 한솥밥을 먹던 동료들의 비난과 조롱이 두려워서 스스로 사표를 던지는 사람도 적지 않다. 만약 직장 생활을 계속하기 힘들 만큼 높은 장벽을 만났다면 당신은 어떻게 할 것인가. 무기력하게 스스로 도태되는 길을 걸을 것인가? 아니면 심기일전해 도약의 발판으로 삼을 것인가? 업무상의 크고 작은 실수는 누구나 저지를 수 있다.

실수하고 나서 주눅 든 모습을 보이거나 의기소침한 태도로 일관한다면 무능함을 스스로 인정하는 셈이다. 인간의 잔인한 속성 하나가 약자를 향해 더욱 무자비하게 돌을 던진다는 것이다. '포연 없는 전쟁'에 비유되는 직장 생활에서 약자로 인식되기 시작하면 어디에도 숨을 참호가 없다. 잘못 낙인 찍히면 영원히 이미지를 회복하기 어렵다.

작은 키가 만들어낸 놀라운 성과

D는 부동산 투자 개발 회사에서 첫 직장 생활을 시작했다. 업무 특성상 사람들을 자주 접해야 하는데 그에게는 156센티미터의 작은 키가 치명적인 콤플렉스였다. 그를 처음 보는 사람들은 작고 왜소한 체구 때문에 그를 무시하거나 심지어 놀림감으로 삼곤 했다. 처음 입사했을 때 동료들의 싸늘한 반응도 별반 다르지 않았다.

하지만 D는 이런 상황에서 한 번도 얼굴을 붉히며 불쾌감을 드러내거나 기죽는 법이 없었다. 멸시하는 눈길을 받을 때마다 오히려 자신의 각오를 새로이 다지는 계기로 삼았다.

지위의 높고 낮음에 상관없이 모든 동료에게 당당하고 밝은 이미지를 심어주려 최선을 다했고, 그의 한결같은 노력은 마침내 상사의 마음을 움직였다. 그는 동료들과 당당히 실력을 겨루며 가시적인 성과를 쌓아갔다.

처음 입사했을 때 그의 실력을 외모만으로 평가하던 동료들의 시선은 그가 승승장구를 거듭하자 부러움의 시선으로 바뀌었다. D는 자신을 낮게 평가하던 동료들 앞에서 이렇게 말했다.

"오늘의 영광은 모두 여러분 덕택입니다. 만약 여러분이 입사 초기에 저를 동료로 인정하고 환대해주었다면 아마 현상 유지에 만족했을 겁니다. 하지만 저는 제 능력을 의심하는 시선을 받을 때마다 더욱 열심히 뛰라는 채찍으로 삼아 이를 악물었습니다. 저 자신도 놀랄 만한 성과를 이룰 수 있었던 이유라고 생각해요."

피할 것인가, 넘어설 것인가

흠집 하나 없이 완전무결한 인간은 세상에 존재하지 않는다. 신이 아닌 이상 시행 과정에서 누구나 실수를 피할 수 없다. 그럼에도 현실은 냉정하다. 사람들은 항상 다른 사람을 볼 때 자신보다 못난 부분을 파헤치고 상처 내기를 즐긴다. 세상이 온통 나를 향해 돌을 던진다면 현실을 정면 돌파하려는 의지는 사라지고 모든 것을 체념하고 싶은 심정이 드는 것도 당연하다.

그러나 아무 생각 없이 뱉어내는 타인의 독설에 중심을 잃고 휘둘릴 필요는 없다. 세상의 수많은 말 중에는 단순히 비아냥대는 독설 말고도 힘이 되고 약이 되는 건설적인 충고들이 있다. 독이 가득한 말들을 굳이 속으로 삼켜서 자신을 상처 낼 이유가 없다.

맥스웰 몰츠(Maxwell Maltz)는 이런 말을 한 적이 있다. "시련이 닥쳤을 때 어떻게 대처할지 상상해보라. 도망칠 것인가? 우회할 것인가? 현실을 직시하고 시련을 친구로 삼으면 이를 뛰어넘을 진취적이고 현명한 방법을 찾을 수 있게 된다." 그의 충고는 인생의 시련 앞에서 우리가 취할 수 있는 가장 긍정적인 방식임에 틀림없다.

고난과 시련은 인간의 의지를 단련시키기 위해 신이 보낸 선물이다. 눈앞에 놓인 장애물을 자신의 용기와 담대함을 시험해볼 수 있는 무대로 삼아야 한다. 이로써 고난과 시련이 성공으로 가는 길목이라는 사실을 깨닫게 될 것이다.

직장 생활은 경쟁의 연속이다. 이런 현실을 기피하거나 두려움부터 앞세우면 어느 회사로 이직하건 '겁쟁이'라는 꼬리표가 따라붙게 된다. 어차피 돌파해야 한다면 과감히 해결 방안을 모색하라. 리스크에 대한 위험 부담은 누구나 안고 있다. 다만 위기를 처리하는 과정에서 스스로 어떤 태도를 보이느냐가 직장 생활의 앞날을 좌우한다.

뜨거운 난로 법칙
회사 규정은
괜히 있는 게 아니다

뜨거운 난로에 가까이 다가가면 피부에 화상을 입기 쉽다. 하지만 화상을 입을까 봐 두려워서 난로와 멀리 떨어져 있게 되면 추위에 떨 수밖에 없다. 경영학에서는 기업의 효율적인 경영 관리를 논할 때 '뜨거운 난로 법칙(Hot Stove Rule)'을 인용한다. 기업의 엄격한 규정은 모든 사원에게 일치성과 즉각성, 공평성의 원칙 아래 적용된다.

모든 기업은 사내 규정을 명시해두고 있다. 지위의 높음과 낮음을 막론하고 직장인은 제도상의 속박과 제약에서 자유로울 수 없다. 사회 초년생들은 입사 후 자신이 몸담은 기업문화와 규정을 익혀 행동의 기준으로 삼아야 한다. 강한 화력을 자랑하는 난로처럼 구성원 전체에 동일한 위력을 발휘하는 규정을 위반했을 땐 도덕적 책임을 묻는 건 물론이고 추가 징벌을 피할 수 없다.

오너도 비껴갈 수 없는
공정성

막대한 규모의 자산을 관리하는 투자 금융권 회사에는 어느 기업보다 엄격한 규정이 존재한다. 그러나 공정성이 지켜지지 않는다면 이러한 규정은 유명무실해질 수밖에 없다. 얼마 전 모 기업의 한 임원이 개인적인 실수로 기업 이미지에 막대한 손실을 입히는 사건이 발생한 적 있었다. 사내 규정에 따르면 시말서를 쓰는 것 이상의 엄중한 징계 처분이 내려져야 했다.

하지만 규정을 집행하는 인사부의 관리자는 그녀가 오너의 일가 친척이라는 이유로 적당히 무마하고 눈감아주었다. 징계 대상감인 임원은 처벌을 모면했고 사건은 흐지부지 종결되었다. 나중에 이 사실을 알게 된 기업의 오너는 노발대발했고 처벌 대상인 임원과 인사부 관리자에게까지 징계 처분을 내렸다. 또 후속 조치로 두 사람의 직급과 호봉이 강등 및 삭감되었다.

오너는 이 사례를 본보기로 삼아 이렇게 경고했다. "앞으로 회사 규정을 집행할 때 공정성의 원칙을 무너뜨리는 상황이 발생한다면 결코 방관하지 않을 겁니다." 그 후로 오너의 일가 혹은 측근이라는 이유로 사내 규정을 무시해오던 묵은 폐단이 말끔히 근절되고 행정처분의 투명성이 보장되는 등 건전한 사내 문화가 뿌리내리게 되었다.

직업 도덕엔 직급도
예외가 없다

엄정한 집행이 보장되지 않는 규정은 있으나 마나다. 하지만 종종 친인척 관계가 얽히면 사내 규정대로 처리하기가 쉬운 일은 아니다. 간혹 동료끼리 서로의 실수를 슬쩍 눈감아주는 경우도 있으니 규정이라는 말이 무색해질 뿐이다. 그러나 아무리 특별한 상황이라고 해도 규정을 위반한 이들에게 예외를 두어선 안 된다. 규정 집행이 유명무실하게 된다면 회사 전체가 위기 상황에 휘말리게 된다.

말단 사원은 기업의 최소 구성단위다. 기업의 각 규정과 부서의 세부 조항은 임원은 물론이고 일개 사원에 이르기까지 공평하게 적용되는 직업 도덕이다. 사회에 첫발을 내딛는 새내기 직장인들에게 직업 도덕과 규율 준수를 강조하는 이유는 뜨겁게 달아오른 난로 앞을 지날 때 스스로의 행동에 각별히 주의해야 하는 것과 같은 맥락이다.

°구내식당의 메뉴 대신 사내 규정을 외워야

갓 입사한 신입 사원이라는 점을 내세워 관대한 처분을 기대한다면 크나큰 착각이다. 사내 규정을 집행할 땐 면책권이란 존재하지 않는다.

따라서 입사하고 나서 가장 먼저 외워야 할 것은 구내식당의 메뉴가 아니라 사내 규정이다. 직장에서는 매 순간 규정을 엄격히 지켜 행동해야 한다.

°옆자리 동료는 나의 페이스메이커

업무를 하다 보면 실수는 피할 수 없는 일이다. 직장인이라면 업무상의 실수를 만회하느라 옷깃이 흠뻑 젖을 정도로 진땀을 흘린 경험이 있을 것이다. 이때 옆자리 동료의 역할은 매우 중요하다.

때로는 감시자가 되어 서로의 행동을 거울삼는다면 정신적으로 느슨해지거나 도덕적으로 무감각해지는 것을 미리 막는 효과를 얻을 수 있다. 나아가 동료들의 따끔한 충고와 격려가 충동적인 행동을 미연에 방지해주는 약이 되기도 한다.

°개국공신이라도 규정 앞에선 신입 사원이나 마찬가지다

'뜨거운 난로 법칙'은 공평성과 일치성, 즉각성의 원칙을 따른다. 설사 기업 오너의 친인척이나 개국공신이라 해도 규정을 위반했다면 합당한 처벌을 감수해야 한다.

업무 처리 과정에서 잔꾀를 부리면 처음엔 사람들의 눈을 감쪽같이 속일 수도 있다. 하지만 비리는 조만간 밝혀지는 법이므로 가중처벌과 괘씸죄가 적용될 가능성이 높다.

자이가르닉 효과
나는 왜 사무실에만 가면 배가 아플까

스트레스는 직장인의 숙명이다. 병처럼 심각하게 받아들이는 사람도 있고 무덤덤하게 넘기는 사람도 있지만 개인차가 있을 뿐 심리적 부담은 누구나 겪는다. 직장인의 경우 사무실에만 들어서면 배가 아프거나 두통이 사라지지 않는 등 긴장감과 초조감에 시달리는데 이런 심적 압박을 심리학에서는 '자이가르닉 효과(Zeigarnik Effect)'라고 한다.

어떤 일에 집중할 때 끝까지 해내지 못한 상태에서 중간에 그만두면 머릿속에서 이를 계속 떠올리게 된다. 이런 긴장 상태는 비단 직장인에게만 나타나는 현상은 아니다. 학습에 중압감을 느끼는 어린 학생들도 예외는 아니다. 물론 정상적으로 업무를 마치고 나면 이런 상태는 씻은 듯이 사라진다.

경쟁사회를 살아가려면 스트레스를 피할 수 없다. 죽을 때까지 겪어야 하는 일이라면 이런 심리적 압박을 발전의 동력으로 삼는 수밖에 없다. 특히 원만한 직장 생활을 하려면 업무 이전에 스트레스를 줄이는 비결부터 터득해야 한다.

K를 베테랑 에디터로 만든 원동력

K는 지방의 국립대학을 졸업한 인재였다. 능력만 있다면 세상에 못할 게 없다고 여겼던 K는 사회에 첫발을 내딛는 포부가 남달랐다. 대도시로 상경한 첫날, 그녀는 큰 충격에 휩싸였다. 직장 생활에 필요한 업무 능력과 인턴 경험 등 남부럽지 않은 스펙을 갖추었다고 자부했지만 취업의 벽은 높았다. 극심한 스트레스 속에서 K는 가까스로 잡지사에 취직했다.

업무의 강도는 상상을 초월했고 매달 마감이 다가오면 야근은 물론이고 끼니마저 거르는 날이 부지기수였다. 그러나 K는 두통과 소화불량에 시달리면서도 어렵게 얻은 직장의 소중함을 되새겼다. 그래서 동료에게는 늘 웃는 낯으로 대했고 상사 앞에서는 신입다운 패기와 겸손한 태도를 갖추려 노력했다.

하지만 K가 배치된 부서는 그녀의 원래 전공과는 거리가 멀었으며 선배와 먼저 입사한 동료 들의 텃세도 만만치 않았다. 시간이 갈수록 사무실에서 그녀의 입지는 줄어들었고 몇 달 뒤에는 봉급마저 삭감되었다. K의 스트레스는 당사자가 아니면 도저히 상상할 수조차 없을 만큼 거대한 압박으로 다가왔다. K는 현실의 고통을 극복하기 위해 스스로 마인드컨트롤을 했다. 매일 아침 스트레스의 노예가 되어 끌려 다니느니 이를 원동력으로 삼기로 결심한 것이다.

심기일전한 K는 차근차근 편집 업무를 배워나갔다. 노력이 가상했던지 하루가 다르게 편집부의 업무를 장악해나갔고 우수한 원고를 채택하는 안목까지 생겨났다. 잡지사 사장은 K가 눈부시게 성장하는 모든 과정을 눈여겨보았고 결국 그녀에게 기회를 주기로 했다. 전체 기획회의를 거쳐 특별 창간호의 발간을 K에게 맡기기로 했고 한 달 뒤에는 놀라운 성과를 눈으로 확인할 수 있었다. 혹독한 담금질을 통해 K도 잡지사의 베테랑 에디터가 되어 있었다.

스트레스를 다스려야 성공이 눈앞에 다가온다

직장 생활은 결코 낭만적이지 않다. K처럼 동료들의 반목과 텃세를 견디지 못해 우울증에 걸리거나 자신의 적성 혹은 전공과 맞지 않은 부서에 배정될 경우 심각한 스트레스성 질환에 노출될 위험이 있다. 상황이 이렇다 보니 K처럼 심리적 압박감을 도약의 디딤돌로 삼는 직장인이 과연 몇이나 될까.

사실 직장 생활에서 이중, 삼중으로 느끼는 심리적 압박을 무사히 견디고 성공하는 사례는 극히 드물다. 어떤 사람들에게는 스트레스가 성공의 사다리로 작용하지만 또 다른 사람들에게는 도저히 빠져나올 수 없는 깊은 수렁일 뿐이다.

수렁 속에서 허우적거리지 않으려면 스트레스의 실체를 직시하고 담담하게 받아들이는 태도를 갖춰야 한다. 다시 말해 직장 생활에서 겪는 정신적 압박을 어떻게 다스리느냐 하는 문제는 직장 안에서 나의 목표를 실현하느냐 마느냐를 결정짓는다.

업무 강도가 거세질수록 사표를 던지고 싶은 충동에 사로잡히는 것은 당연한 일이다. 다만 그럴 때마다 도살장에 끌려가듯이 마지 못해 일한다면 업무의 효율성을 기대할 수 없다. 상황이 악화될수록 낙관적인 태도로 약해지려는 마음을 다잡는 것이 중요하다. 이러한 태도는 주변에 쉽게 영향을 미치기 때문에 자신의 마음은 물론이고 같은 공간에서 일하는 동료들에게도 긍정적인 에너지를 전해준다. 전체 사무실의 업무 분위기까지 좋아지는 건 물론이다.

다만 퇴근 시간 이후까지 끝마치지 못한 업무를 질질 끌면서 전전긍긍하는 태도는 바람직하지 못하다. 일단 사무실 밖으로 나왔다면 체력을 단련할 수 있는 운동이나 취미 생활에 몰두하는 것이 좋다. 또 동료들과 함께하는 즐거운 자리를 만들어 하루 동안 쌓인 긴장감을 풀어야 한다. 이런 활동은 직장 생활에서 생기는 스트레스로 자칫 병에 걸릴 가능성에 노출되는 것을 막아준다.

˚ 스트레스는 마음속 괴물이 아니다

스트레스는 양날의 검이다. 현실을 왜곡하고 피하려고만 한다면 스트레스의 노예로 전락하고 만다. 만약 스트레스가 자신을 괴롭히도록 내버려둔다면 발전 기회는 사라진다.
가장 심각한 문제는 스트레스의 실체를 분석하지 않은 채 마음속 괴물로 키워나가는 태도다.

˚ 나를 움직이게 하는 스트레스

세계 5백대 기업 중 하나인 중국의 하이얼(海爾) 기업도 몰락의 위기를 겪은 적이 있었다.
회장 장루이민(張瑞敏)은 외채의 압박을 견디다 못해 파산에 직면하게 됐는데, 당시 그가 감당해야 한 정신적 압박감은 일반인의 상상을 초월했다. 당시의 극심한 스트레스를 떨쳐내고 재기의 동력으로 삼지 못했다면 현재의 하이얼 기업은 존재하지 못했을 것이다.
그는 기업을 경영하면서 스트레스는 으레 생길 뿐만 아니라 격랑을 이겨낸 사람만이 순풍을 기대할 수는 있다는 선례를 남겼다.

˚ 마음도 근육이다

사무실의 공기는 상사의 기분에 따라 시시각각 급변하기 마련이다. 이때 상사의 표정과 눈치를 살피는 일 자체가 위축감을 느끼게 한다. 그러나 생각을 달리하면 얼마든지 스트레스를 줄일 수 있다.
신체의 근육을 키우듯이 탄력성을 발휘하라. 정서적 탄력성이 높은 사람은 근육이 신체의 손상을 막아주듯이 스트레스 속에서 안정감을 찾을 수 있는 공간을 스스로 확보하게 된다.

사적 공간의 중요성
멀지도 가깝지도 않은
당신과 나 사이

기차가 탈선하지 않으려면 두 레일 사이에 일정한 공간이 유지되어야 한다. 사람과 사람 사이에도 이러한 간격이 있어야 한다. 성질이 다른 두 개체 간에는 반드시 시간과 공간과 같은 물리적인 거리를 확보해야 한다. 이는 물리학적인 현상이지만 심리학자들은 대인관계에서도 개인 간에 일정한 간격을 유지할 필요가 있다고 강조한다.

직장인들은 사무실이라는 공적인 공간에서 하루의 대부분을 동료와 함께 보낸다. 이러한 과정에서 물리적, 감정적으로 충돌하지 않으려면 아름다운 정서적 거리를 유지해야 한다. 성공적인 직장 생활을 위해서는 무엇보다 개인 공간의 확보가 중요하다.

딱딱한 책상과 각종 사무용품으로 혼잡한 사무실에 수십 명의 직원이 북적거리는 풍경을 상상해보라. 무미건조한 직장 생활에 윤활유를 더하고 싶다면 관계의 밀도를 조절해야 한다. 데면데면하게 거리를 두고 지내면 물과 기름처럼 겉돌게 되거나 단체 생활에 잘 적응하지 못하는 사람으로 비춰질 수도 있다. 심지어 혼자만 잘난 독불장군으로 오해받아 회식 자리에서 술안줏거리가 될 수도 있다.

반면에 과도한 친밀감을 드러내거나 사적인 접촉 횟수를 늘리면 패거리 문화의 주범으로 몰릴 가능성도 있다. 혹은 개인적인 꿍꿍이가 있는 것으로 오해받기도 한다.

직장 동료는 친구가 아니다

이제 막 직장 생활을 시작한 W는 풋풋한 신입 사원이다. 그는 사무실 동료인 K와 회사 기숙사에서 함께 생활하고 있었다. 갓 입사한 W는 사내 환경에 여러모로 익숙하지 않은 탓에 룸메이트이자 직장 동료인 K에게 전적으로 의지할 수밖에 없었다.

활달한 성격의 K는 W의 멘토를 자처하며 그가 회사에 빠르게 적응하도록 물심양면으로 도왔다. 매일 아침 두 사람은 나란히 사무실로 출근했고 점심은 구내식당에서 해결했다. 퇴근 후에는 사이좋게 볼링을 치거나 가볍게 맥주를 마시는 등 거의 24시간을 그림자처럼 붙어다녔다. 두 사람은 누가 봐도 친형제나 다를 바 없는 사이가 되었다.

W는 K를 생각할 때마다 안도의 한숨을 내쉬었다. 남들은 옆자리 동료를 경쟁자로 간주하고 치열한 눈치 싸움을 벌인다는데 자신은 K처럼 좋은 동료를 만났으니 하늘이 주신 행운이 아닐 수 없었다. 그는 속으로 생각했다. "사회에 나오면 친구 사귈 생각은 아예 포기하는 게 좋다고 하던데 K와 나는 사무실에서 쌓인 업무 스트레스도 공유하고 속마음까지 털어놓을 둘도 없는 친구가 되었으니 얼마나 다행인가. K가 아니면 변덕쟁이 사장, 허세 왕 B, 주제도 모르고 시도 때도 없이 나서는 C의 흉을 누구한테 보겠어?"

그러나 K는 W와는 다른 생각을 하고 있었다. 철석같이 K를 믿었던 W의 '동료 품평회'는 얼마 후 당사자들의 귀에 속속 전해졌다. W의 입장은 매우 곤란해졌고 동료들과 어색한 관계가 되어버렸다. B와는 사무실에서 마주쳐도 서로 본체만체하게 되었고 C와는 원수보다 못한 사이가 되었다. 처음에 W는 K에 대한 배신감에 치를 떨었지만 결국 직장 동료와 친구를 구분하지 못한 자신의 탓으로 돌릴 수밖에 없었다.

적당한 거리를 유지할 때
직장 생활은 아름답다

사무실을 공유하는 직장 동료와의 심리적 거리는 모든 직장인에게 매우 민감한 문제이다. 나름 가까운 사이라고 생각해서 무심코 속마음을 털어놨다가는 오히려 상처받을 가능성이 크다.

직장 동료와 탈 없이 지내려면 물리적, 심리적 거리를 확보해야 한다. 적당한 친밀감을 유지하는 한편, 너무 멀어서 소원하다고 느껴지지도 않는 거리를 지키려면 철저히 자신의 '촉'에 의지하는 수밖에 없다.

직장 생활은 동료와 아름다운 거리 조절을 함으로써 즐겁게 헤쳐나갈 수 있다. 사무실이라는 제한된 공간에서 적절한 심리적 간격을 유지한다면 친구와 동료라는 두 마리 토끼를 모두 잡을 것이다.

°호랑이 가죽은 그려도 뼈는 그릴 수 없다

누군가를 안다는 것은 겉모습일 뿐 그의 본심까지 아는 것은 아니다. 따라서 직장 동료들 사이에서 부대끼지 않으면서 자신을 보호하려면 이런 심리적 기제를 이해하는 것이 매우 중요하다. 동료의 성격을 평소에 주의 깊게 관찰해 사람 됨됨이를 파악하라.

직장 생활에서 친절한 웃음 뒤에 감춰진 진의를 예측하기란 쉽지 않다. 그렇다고 날카롭게 날을 세운 채 모든 동료를 경계할 수도 없다. 다만 개성이 제각각인 직장 동료와 사적인 관계를 맺을 경우엔 업무 때와 구분되는 거리를 유지하려고 노력해야 한다.

°지나친 오지랖은 안 떠느니만 못하다

직장인에게는 회사 안에서의 직위와 직분이 있다. 이를 기준으로 자신의 권리와 권한이 결정된다. 따라서 사무실에서 어느 선까지 나서고 어느 선에서 물러날지 자신의 포지션을 정확히 짚어야 한다.

권한 밖의 일에 지나친 관심을 보이거나 주제넘게 나서지 않는 것이 좋다. 간혹 선의로 했던 일들이 불순한 동기에서 비롯된 것으로 오해받거나 오지랖 넓다는 손가락질을 받을 수도 있다. 안 하느니만 못한 일에 나서는 것은 직장 생활의 감점 요인이다.

°아무 말 잔치 속에서 살아남는 법

1년 365일의 대부분을 동료들과 지내다 보면 때때로 가족 같은 기분이 든다. 이들 중에는 처음엔 귀에 거슬릴지 몰라도 진심에서 우러나오는 충고를 해주는 동료도 있다. 반면에 동료가 듣기 좋은 말로 기분을 한껏 추켜세우지만 진심이 아닌 경우도 비일비재하다.

사무실에서 오가는 이야기들은 때때로 아무도 책임지지 않는 아무 말 잔치에 불과하다. 따라서 소문이 진짜인지 거짓인지 가려내는 분별력을 갖추는 것은 물론이고, 루머에 대응하는 방식도 퍼뜨리는 부류에 따라 서로 달리할 필요가 있다.

°동료의 험담은 누워서 하늘에 침 뱉기

세 치 혀는 직장 생활에서 가장 무서운 재앙을 불러온다. 동료의 험담을 함부로 하지 말라. 가까운 관계라는 생각에 다른 동료와 관련된 나쁜 소식을 전하는 것은 위험한 행동이다. 아무리 가벼운 농담이라 해도 사무실을 돌고 돌아 결국 자신의 등 뒤에 비수를 꽂게 된다.

°직장에서는 기꺼이 대인배가 되자

양보와 겸양은 대부분의 일과를 함께 하는 동료와 원만한 관계를 유지하게 해주는 윤활유이다. 사무실에서 자신의 사소한 이익만 시시콜콜하게 따지다 보면 동료의 권익을 침해할 수밖에 없다. 이런 태도는 오래지 않아 동료들의 반감을 불러와서 따돌림의 대상이 될 수 있다.

사무실 전체의 화기애애한 분위기를 해치지 않는 선에서 되도록 관대하게 행동하고 작은 손해 앞에서는 초연해져라.

"직장 동료와 탈 없이 지내려면
물리적, 심리적 거리를 확보해야 한다. 적당한
친밀감을 유지하는 한편, 너무 멀어서 소원하다고
느껴지지도 않는 거리를 지키려면 철저히
자신의 '촉'에 의지하는 수밖에 없다."

3장

성공의 심리학

사회 초년생은 어떻게 인재로 단련되는가

성패 효과
성공과 실패의 경험이
불러오는 나비 효과

'성패 효과'는 심리학 용어로, 일정한 노력을 기울인 결과로 나타난 성공이나 실패에 대한 정서적 반응 효과를 일컫는다. 성공한 사람들은 어떤 성취를 이루고 나면 주변에서 쏟아지는 찬사와 성취에 대한 기쁨으로 더욱 자신감이 상승하는 효과를 누린다. 이러한 효과는 다음 목표치를 높이기 때문에 '성공 → 자신감 증대 → 더 큰 성공 → 더 큰 자신감'의 선순환을 불러온다.

심리학에서는 이를 '성공의 강화 효과'라고도 부른다. 반면에 실패한 경험은 심리를 위축시켜 쉽게 좌절에서 벗어날 수 없게 하는데, 심지어 자신감이 바닥난 사람들은 회복 불가능 판정을 받기도 한다. 이런 현상은 이른바 '실패 효과'에 속한다.

실제로 성공과 실패에서 비롯되는 강화 현상은 우리 주변에서 비일비재하게 일어난다. 성패 효과를 올바르게 인식하고 삶에 적용하려면 무엇보다 목표로 향하는 방향이 정확해야 한다.

불합격 트라우마가 남긴 결과

X는 대학 졸업과 동시에 구직활동을 시작했다. 그러나 현실의 장벽은 생각보다 훨씬 두터웠다. 그는 취업 준비로만 1년이라는 시간을 흘려보내야 했다. 그러는 사이에 친구들은 하나둘 취업에 성공해 어엿한 사회인의 모습을 갖춰갔다. 하지만 X는 여전히 안정적인 직장을 얻지 못한 채 취업의 문턱에서 방황하고 있었다.

X는 영문학을 전공하고 부전공으로 경영학을 이수했는데 학점이 매우 우수한 편이었다. 친구들은 취업이 그에게 식은 죽 먹기일 거라며 모두 부러워했다. 하지만 정작 X는 자신의 능력과 자질을 진지하게 고민하지 않고 구인 공고가 나올 때마다 입사 지원서를 무작위로 제출했다. 기업의 인지도만 따질 뿐 어떤 직종에서 일할 것인지 매우 모호한 상태였다. 더구나 그는 전공은 제쳐두고 부전공에 대한 미련으로 턱없이 높은 이상만 추구했다.

그러다 보니 구직 과정에서도 명확한 방향을 잡아 전력투구하기보다는, 기획부 직원을 뽑는 회사에 면접을 보러 갔다가 영업 사원을 우대하는 회사에도 이력서를 넣었다. 중구난방으로 이력서를 제출하다 보니 면접의 기준 역시 감을 잡을 수 없었다. 결국 바라던 곳에서는 단 한 군데서도 합격 통지서가 오지 않았고 계속된 낙방으로 절망감만 쌓여갔다.

취업에 대한 심리적 압박은 서서히 그의 의지를 약하게 만들었고 초기의 열정과 포부는 찾아볼 수 없게 되었다. 연이은 불합격의 공포가 남긴 트라우마를 극복하지 못한 X는 현재 단기 아르바이트를 전전하며 근근이 생활하고 있다.

속도보다 방향이 중요하다

최근 X처럼 구직활동에 뛰어들었다가 쓰디쓴 실패만 거듭하는 사회 초년생들이 적지 않다. 그러나 경험 부족과 불충분한 자격만을 탓할 수는 없다. 실패의 가장 큰 원인은 처음부터 취업 기준을 명확하게 설정하지 못했기 때문이다.

진로에 대해 치밀하게 마인드맵을 세우지 않고 그저 상황이 주어지는 대로 임하게 되면 합격의 문턱에서 점점 밀려나게 된다. 이는 결과적으로 자존감의 바닥을 드러내는 악순환의 고리로 이어진다. 심리적인 위축감이야말로 실패를 강화하는 가장 큰 원인이다.

성패 효과에서 긍정적인 효과를 기대한다면 무조건 속도를 내기보다는 방향을 먼저 정해야 한다.

˚ 지피지기면 백전백승

사람마다 능력의 최대치가 다르다. 저마다 타고난 자질이 다르기에 동일한 잣대로 실력의 우위를 비교할 수 없다. 따라서 자신의 능력을 명확하게 인식하고 가장 부족한 부분을 파악할 필요가 있다.

사회에서 자신의 능력을 제대로 발휘하려면 여러 면에서 자신이 누군지 깨닫고 냉철하게 분석해야 한다. 이러한 조건에 부합하는 목표를 설정했다면 성공에 한층 더 가까이 다가선 셈이다.

˚ 전력 질주하기 전에 출발선부터 정하자

경험과 지식은 상황에 따라 수요가 달라질 수밖에 없다. 따라서 출발선을 설정하기 전에 반드시 최대 목표치를 고려해야 한다. 평범한 직장인과 세계 정상의 물리학자를 동일선상에 놓고 비교할 수는 없지 않은가.

만약 출발선을 잘못 설정한다면 전력투구를 한다 해도 중도 하차라는 결과를 가져온다. 최종 지점에 도달하지 못하는 삶은 회한으로 가득할 수밖에 없을 것이다. 당신이 무엇을 계획하든 현재 자신과 가장 익숙한 지점을 출발선으로 정해야만 목표에 도달할 수 있다.

˚ 포용력은 좌절을 튕겨내는 쿠션

세상만물 가운데 상처 없이 성장하는 것은 없다. 살다 보면 누구나 크고 작은 뜻밖의 사건을 겪는다. 따라서 예기치 못한 실패와 좌절이 닥치는 것은 피할 수 없다. 이때 심리적인 타격을 줄이려면 사전에 대비책을 마련해야 한다.

좌절감에 매몰되지 않고 가볍게 털어내는 사람만이 최종 목표를 향해 나아갈 수 있다. 아무런 대비도 하지 않고 성공의 달콤한 환상에만 빠져 있다면 사소한 시련에도 큰 타격을 입게 된다.

인생은 수많은 성공과 실패의 씨줄과 날줄로 엮어진다. 실패를 성공으로 가는 과정으로 여기는 대범한 태도가 절실히 요구된다. 인생의 출발선에 선 사회 초년생들에게 가장 필요한 것은 실패를 기꺼이 받아들이는 포용력이다. 인생의 매 고비를 넘긴 사람만이 성공적인 삶을 살 수 있기 때문이다.

° 심적 압박이 동력으로 전환될 때

"천 리 길도 한 걸음"이라는 말이 있다. 우물을 파려면 수 천 번 이상 곡괭이질을 해야 하듯이 특정한 과정을 생략하고 단숨에 경지에 도달하는 비법은 세상에 존재하지 않는다. 성공의 열매는 수많은 인내의 땀방울로 이루어진다. 아무도 생각지 못한 비약적인 진보의 배경에는 부단한 성찰과 완주를 향해 내딛은 마지막 한 걸음의 인내가 숨어 있다.

이 과정엔 심리적 압박감도 작용하지만 목표에 이르는 시간적 제한도 있을 것이다. 말하자면 '심적 압박이 동력으로 전환되는' 일종의 물리현상이 일어난다. 만약 외부로부터 아무런 압박도 없다면 목표를 달성하려는 욕구는 한없이 뒤로 밀려나기 마련이다.

버섯 법칙
사회 초년생이 응달에서
생존 능력을 기르는 법

'버섯 법칙'은 응달에서 자라는 버섯처럼 정당한 대우를 받지 못하고 구석으로 내몰리는 사회 초년생들의 심리적 소외감을 상징한다. 사회적인 기반이 미약한 탓에 타인의 존중을 받기는커녕 점점 더 밑바닥으로 내몰리는 현상을 일컫기도 한다.

사회적 약자로 낙인 찍히면 당사자를 대신해 희생양이 되거나 각종 질책과 비난에 시달리기도 한다. 마땅히 누려야 하는 관심과 격려를 받지 못하면 이를 극복할 기회를 박탈당하는 사례도 종종 있다.

입사 초기의 태도가 갈라놓은
두 사람의 미래

O와 J는 대학 졸업과 동시에 같은 회사에 나란히 입사했다. 3년 후 O는 부서의 팀장으로 승진하는 등 직장에서 탄탄한 입지를 다져나갔다. 하지만 J는 능력을 발휘할 기회조차 얻지 못하고 여전히 평사원 직급에 머물렀다. 두 사람을 오랫동안 지켜본 지인들은 이들이 실력과 경험 면에서 별 차이가 없다는 점을 잘 알고 있었기에 입사 3년 만에 이처럼 큰 격차가 벌어진 현실을 받아들이기 어려웠다.

입사 초기에 O와 J는 판매 부서에서 일했다. 이들은 조직의 밑바닥 업무부터 점차 익혀나갔다. 두 사람은 학교를 졸업하자마자 입사한 첫 직장인 탓에 사회생활에 적응하느라 여러 모로 애로 사항이 많았다. 그래서 매번 생각지도 못한 현실적인 문제에 부딪치곤 했다. 특히 이들의 팀장은 두 사람의 저조한 영업 실적을 대놓고 질책했다. 실적 위주로 능력을 평가하는 팀장은 신입 사원에 대한 배려나 격려는커녕 이들을 유령 취급하기 시작했다.

팀장의 냉대 속에서도 O는 열정적으로 업무에 임했다. 비록 지금은 시행착오가 있지만 조만간 자신의 진가를 발휘하고 말리라는 결심으로 최선을 다했다. 거래처의 고객을 수시로 방문하면서 적극적으로 영업을 유치했고 야근도 불사하면서 밤새워 업무 자료를 만들기도 했다. 철저한 분석과 남다른 행동력으로 준비한 덕분에 O의 영업 실적은 서서히 상승하기 시작했다.

그에 반해 J는 저조한 자신의 업무 실적 때문에 무기력 증세에 시달렸고 팀장의 구박을 받을 때마다 직장 생활에 회의를 느꼈다. 그는 점차 될 대로 되라는 심정으로 온종일 퇴근 시간만 기다리게 되었다. 모든 업무를 건성으로 처리하면서 오후 6시만 되면 사무실에서 종적을 감췄다.

3년 후, 자신에게 할당된 최소한의 업무만 처리하던 J와 달리 생소한 업무 환경에 빠르게 적응했던 O는 차근차근 실적을 쌓아나갔다. J는 여전히 현상 유지에만 급급하면서 사람들이 자신의 능력을 알아주지 않는다고 불평할 뿐이었다.

쨍하고 해 뜰 날은 찾아오기 마련이다

사회 초년기의 마음고생은 약이 된다. 인간은 시련을 통해 잠재력을 발견하고 위기를 성장의 원동력으로 삼기 때문이다. 이런 현상은 좌절을 학습하는 전형적인 사례다. 따라서 사회로의 첫 진입을 앞둔 사람이라면 O의 사례를 본보기로 삼아야 한다. 앞날이 막막하기만 한 입사 초기에는 마치 응달에서 자라는 버섯처럼 직장에서 아무도 알아주는 이가 없다. 어쩌면 볕 들 날을 기대하는 것 자체가 불가능할 수도 있다.

비록 좌절과 냉대 속에서 하루하루를 보내는 사회 초년생일지라도 이것이 사회에 대한 환상에서 벗어나 현실을 직시하게 해준다는 사실을 명심하라. 입사 초기에 겪는 시련의 과정은 하루빨리 사회에 적응하기 위한 일련의 담금질이다.

현재 자신의 처지가 볕이 들지 않는 구석의 응달처럼 어둡고 우울할지라도 비관적인 생각에서 벗어나라. 버섯 법칙을 일상에 지혜롭게 적용할 수 있다면 어둡고 축축한 응달이 양지바른 명당으로 바뀌기는 시간문제다.

°열정을 발산하는 데도 명당자리가 있다

버섯은 응달진 구석 자리를 좋아한다. 하지만 인간은 음습한 곳보다는 양지바른 자리를 좋아한다.

명당을 원한다면 최대한 빨리 목표 지점의 좌표를 설정하라. 그래야만 헛발질을 줄이고 에너지를 집중하게 된다. 열정을 발산하는 일은 방향과 좌표를 명확히 설정한 후에 해도 늦지 않는다.

°응달은 곧 양지가 된다는 사실을 되새기자

응달에서 자라는 음지식물에게 햇볕은 금물이다. 발아 단계에서 싹조차 틔우지 못하고 묻히기도 한다. 인생의 발아 단계에 해당하는 사회 초년생은 초반에 지레 겁먹고 결코 자포자기해선 안 된다. 외부의 혹독한 비판이나 힐난을 들었다고 해도 겸허하게 받아들이면 그만이다.

내심 기대했던 격려나 적절한 피드백을 받지 못했다고 해서 불만을 품어서는 안 된다. 누구나 입사 초기에는 아무도 거들떠보지 않는 법이다. 살뜰히 챙기거나 이끌어주는 사람도 없이 꿰다 놓은 보릿자루처럼 우두커니 책상만 차지하는 경우도 있다.

이런 시기일수록 부정적인 감정에 사로잡히는 것을 경계해야 한다. 휘영청 밝은 보름달을 구경하려면 구름이 걷힐 때까지 기다려야 하지 않을까. 스스로 격려하는 마인드컨트롤이 절대적으로 필요한 시기다.

언젠가 자신의 진가를 드러낼 기회를 얻을 때까지 절대로 포기해서는 안 된다. 시간이 지나면 응달은 곧 양지가 된다. 시작은 미약했으나 이내 창대하게 펼쳐질 원대한 자신의 미래를 머릿속에 그려야 한다.

°회사의 독버섯이 돼선 안 된다

인간은 사회적 동물이다. 무리 지어 살고 집단에서 소속감을 느낀다. 이것이 조직이 만들어지는 원리이자 모든 조직에서 인적 네트워크가 형성되는 이유다.

사회에 첫발을 내딛었을 때 가장 중요한 것은 원만한 대인관계를 맺는 일이다. 조직의 밑바닥에서 사회생활을 시작하는 사회 초년생은 주변의 무관심과 냉대를 견뎌내는 일이 쉽지 않다. 하지만 이것도 반드시 거쳐야 하는 과정이라는 사실을 받아들여야 한다.

응달에 버려졌다고 해서 마음속으로 독을 품어서는 안 된다. 모든 일에 긍정적인 태도를 보일 때 열정적인 에너지는 주변으로 전파될 것이다. 이것이 어둠의 긴 터널을 빠져나가는 가장 확실하고 유일한 방법이다.

°실수했다고 해서 항상 나쁜 건 아니다

처음부터 모든 일에 완벽한 인간은 없다. 직장인을 업무에 숙련된 장인으로 만드는 최고의 교사는 경험이다. 사회 초년생이 경험을 쌓으려면 실수를 통해 배우는 수밖에 없다. 업무에 투입되기도 전에 소극적인 자세로 일관하는 태도는 직장 생활에서 가장 큰 걸림돌이 아닐 수 없다.

상사가 질책하는 이유는 실수 자체가 아니라 업무에 대처하는 비관적인 태도 때문이다. 이러한 태도를 바꾸지 않고는 평생 응달 신세를 벗어날 수 없다. 실수를 통해 얻은 경험은 성장의 지름길이자, 입사 초기에 독버섯처럼 사무실에 민폐만 끼치던 신입 사원이 영지버섯처럼 귀하신 몸이 되기 위한 영혼의 밑거름인 셈이다.

베블런 효과
내 몸값은
내가 정한다

'베블런 효과(Veblen Effect)'란 특정 재화의 가격이 급등할수록 소비 심리를 더욱 부채질하는 현상을 말한다. 이는 사람들의 무절제하고 충동적인 성향을 드러내는 것이자 내면의 허영심을 자극하는 판매 전략의 일종으로 비합리적인 소비라 볼 수 있다.

실제로 기업들은 베블런 효과를 마케팅에서 종종 활용한다. 이 전략을 경제에 국한시키지 않고 일상으로 확대하면 여러 효과를 기대할 수 있다.

목이 말라 직접
우물을 판 청년

2005년 중국의 한 포털사이트에서 큰 화제를 불러 모은 청년이 있었다. 그는 당시 취업박람회장을 찾은 수많은 취업 준비생 중에 하나였다. "○○기업에서는 참신한 인재를 찾습니다"라는 구인광고 부스가 즐비한 장소에서 청년은 사람들의 기존의 상식을 뒤엎고 "청년 인재를 뽑아줄 기업을 찾습니다"라며 자신을 홍보했다.

사상 초유의 발상은 순식간에 사람들의 주목을 받았고 그곳에 참가한 기업은 물론이고 여러 매체의 집중적인 플래시를 받았다. 청년은 취업박람회의 스타가 되었고 여러 기업에서 입사 제의를 받은 것은 당연한 일이었다.

실력과 아이디어만이
몸값을 보장한다

창의적인 발상과 재치 넘치는 아이디어가 언제나 빛을 발하는 것은 아니다. 하지만 분명한 사실은 자신의 가치를 스스로 결정하는 사람에겐 반드시 행운이 찾아온다는 점이다.

과장된 언변이나 화려한 미사여구를 붙인다고 해서 자신의 가치가 높아지는 것은 아니다. 아무도 대체할 수 없는 실력과 독창적인 아이디어를 가진 사람만이 당당히 자신의 몸값을 제시할 수 있을 것이다. 베블런 효과는 실제로 사회 전반에서 다양한 양상으로 드러나고 있다.

° 배움만이 살길이다

"개천에서 용 난다"는 말이 있다. 학습은 평범한 사람이 신분 상승과 사회적 성공을 이룰 수 있는 가장 확실한 사다리다. 현대사회에서 자신의 가치를 입증하는 최고의 수단이라는 사실은 부정할 수 없기 때문이다.

이미 성공을 거둔 후에도 배우는 일은 여전히 중요하다. 갈고 닦은 재능이 바닥을 드러내는 순간 가치는 곧장 하락하기 마련이다.

학습 능력은 마르지 않는 샘물과 같다. 직장에서 자신의 가치는 부단히 배우는 습관에 달려 있다.

° 도토리 키 재기에서 벗어나려면

취업의 관문을 통과한 직장인들의 업무 능력은 사실 비슷비슷하다. 그 사이에서 몸값을 높이고 싶다면 독보적인 나만의 가치를 내세워야 한다. 어렵사리 취업에 성공한 이후에 선의의 경쟁에서 우위를 차지하지 못한다면 '도토리 키 재기'에서 벗어나기 힘들다.

직장인의 경쟁력은 대체 불가한 능력과 개성을 십분 발휘함으로써 확보할 수 있다. 무엇보다 차별화된 자신만의 영역을 계발하고 독점적인 위치를 구축하라.

° 이직과 이동은 몸값을 높이는 기회

개성과 가치는 확실한 비교 대상이 있을 때 빛을 발한다. 직장 생활에서 자신의 가치를 높이는 방법은 이직과 이동이다. 입사하고 나서 같은 직위와 직분에 만족하며 현상 유지에 급급하다면 개인이 발전할 여지는 줄어들 수밖에 없다.

기회를 노려서 자신의 몸값을 높일 필요가 있다. 때로는 자신의 능력과 가치를 높이 살 새로운 직장으로 이직을 시도해야 한다. 또 이러한 기회를 십분 활용해 자신의 능력을 스스로 검증해야 한다. 만약 이런 시도가 실패했다고 해도 앞으로의 행보를 위한 성찰의 기회로 삼으면 된다. 직장인의 가치는 때때로 새로운 판도에서 재평가될 수 있다.

° 나의 가치는 한정판 명품 컬렉션이다

현대사회에서 자신의 몸값을 결정하는 사람은 나 자신이다.

21세기는 광고와 홍보의 시대다. 외부에 자신의 능력을 선전하는 일은 매우 중요하다. 할 수 있는 모든 수단을 동원해 자신을 홍보하는 것은 경쟁사회에서 살아남는 최고의 전략이다.

한정판 명품 컬렉션에 열광하는 이유는 차별화에 성공한 덕분이듯 자신의 가치를 상향시키는 전략은 현대사회에서 필수다.

무가치 법칙
왜 월요일만 되면
우울해지는 걸까

직장 생활을 하다 보면 때론 매너리즘에 빠지기도 한다. 현재 자신이 맡은 업무가 조직에서 별다른 주목을 받지 못한다는 생각이 들면 더욱 무기력해진다.

이런 주관적인 판단에 사로잡히면 아무리 열일 제쳐놓고 업무에 매달려본들 좋은 성과를 기대하기 어렵다. 결과적으로 칭찬은커녕 사방에서 질책만 쏟아진다. 애초에 손을 대지 않느니만 못하는 결과를 얻을 뿐이다.

투자회사 경영자가 정원사와
친구로 지낸 이유

투자회사를 성공적으로 운영해온 마크는 독특한 경영 가치관을 가졌다. 그는 자신이 사는 저택의 조경을 관리하는 정원사와 친구처럼 지내고 있었다. 정원사는 비록 주말에만 와서 정원을 돌보고 있었으나 마크는 매달 월급을 지급하는 등 파격적인 대우를 해주었다. 그뿐만이 아니다. 모처럼 집에서 쉬는 날이면 정원사와 이런 저런 대화를 나눌 만큼 두 사람은 격의 없이 지내고 있었다.

이웃 사람들은 이런 마크의 친절이 지나치다고 여겼다. 심지어 정원사조차도 자신이 과분한 대우를 받고 있음을 모르지 않았다. 하지만 마크는 주변의 시선 따위는 전혀 개의치 않았다. 사실 마크가 정원사에게 호의를 보이는 데는 여러 이유가 있었다.

정원사는 마크의 저택 말고도 상류층 가정의 조경을 관리했는데, 그의 고객들은 주로 돈과 시간적 여유가 충분한 주부들이었다. 마크는 바로 이 점에 착안해 정원사와 우호적인 관계를 유지했다. 왜냐하면 언젠가는 정원사의 고객이 자신의 잠재 고객이 되리라는 확신이 있었기 때문이다.

마크는 정원사에게 드디어 자신의 사업 계획을 들려주었다. 눈치 빠른 정원사는 마크의 의도를 간파했고 자신이 일하는 상류층 가정의 주부들에게 마크의 투자회사를 추천해주었다. 마크가 수많은 상류층 고객을 확보하고 그들의 억대 자산을 관리할 수 있었던 비결은 바로 거기에 있었다.

현명한 사람은 가치 있는 일에 에너지를 쏟는다

투철한 경영마인드로 무장한 마크는 정원사를 단순히 자신이 고용한 사람으로 여기지 않았다. 그가 평소에도 정원사에게 파격적인 대우를 아끼지 않았던 이유는 기대하는 결과가 있었기 때문이다. 이는 투자 전문가로서 기민한 직관이 발동한 생존 전략이었다. 실제로 마크는 직업과 지위와 상관없이 항상 귀빈 대우를 해주었다.

반스(Barnes)는 이런 말을 한 적이 있다. "현명한 사람은 가치 없는 일에는 관심을 기울이지 않는다. 다만 스스로 중요하다고 판단하면 민감하게 대처한다. 일상에서 쓸데없는 일을 처리하기 위해서 엄청난 에너지를 쏟는 사람일수록 무능력한 경우가 대부분이다."

하지만 직장 생활에서 이런 '무가치 효과'는 어쩔 수 없이 발생한다. 따라서 평소에도 일상에서 불필요하게 에너지를 쏟는 일이 없어야 할 것이다.

° 무엇을 원하는지 알아야 원하는 것을 얻는다

자신이 무엇을 원하는지 정확히 알아야 무엇이든 성취할 수 있다. 백 미터 달리기를 앞두고 확실한 노선을 정하면 나중에 생기는 장애물은 경험차를 통해 대부분 극복할 수 있다. 성공한 사업가가 될지, 대중에게 감동을 안겨주는 예술가가 될지 미리 정하라. 어떤 경험을 쌓고 어떤 능력을 갖출 것인지는 실천 과정에서 찾아가면 된다.

° 기업이 사원들에게 거액을 투자하는 진짜 이유

모든 기업에는 사원 관리 규정과 상벌 제도가 있다. 기업이 사원을 격려하기 위해 지급하는 장려금 액수는 사원들이 창출한 이윤을 초과하는 경우가 대부분이다. 반면에 징계할 때는 사원이 회사에 끼친 손실보다 낮은 수준에서 마무리한다.

왜 기업은 금전적인 손실을 감수하면서까지 사원들의 사기 진작에 힘쓰는 걸까? 이유는 매우 간단하다. 전체 사원의 사기를 북돋고 능력을 고취해야만 공동의 목표를 향해 전진할 수 있기 때문이다. 상벌은 구성원에게 긴장감을 주고 자신을 성찰하게 하는 도구일 뿐이다.

기업 입장에서 보면 손해가 막심하지만 여기엔 더욱 깊은 의미가 함축되어 있다. 이미 발생한 손익분기점만 따진다면 거시적인 본질에서 멀어질 수밖에 없다. 기업이 성장하기 위해서는 단기적인 이익과 손해에 연연하기보다는 장기적인 사업성을 염두에 두어야 한다. 이윤을 기대한다면 일시적인 손실은 눈감고 넘어갈 수밖에 없다. 만약 단기적인 손실에만 매달려 시간과 에너지를 허비한다면 '피라미를 잡느라 월척을 놓치는 격'이 될 뿐이다.

냉철하게 가치를 판단해 모든 에너지를 집중하는 힘이야말로 최고의 성공 비결이다.

문턱 효과
성공은 무지개
너머에 있다

'문턱 효과(Threshold Effect)'란 일반적으로 낮은 단계를 거쳐야 그다음의 높은 단계로 발전하는 현상을 말한다. 이 효과는 모든 일상에 적용될 뿐 아니라 직장인들이 가장 자주 경험하는 상황이다. 성공을 향한 포부가 아무리 원대하다 해도 첫 단계의 걸림돌을 넘어서지 못한다면 결코 최종 목표에 닿을 수 없다.

인생의 매 순간에 닥치는 고비를 넘기려면 먼저 노력을 기울여야 한다. 풍작을 기대한다면 봄에는 씨를 뿌려야 하고 때마다 잡초를 뽑고 거름을 주는 노력을 기울여야 한다. 벼 이삭은 농부의 발자국 소리를 들으며 자라는 법이므로 가을의 수확기가 올 때까지 오랜 시간을 참고 기다려야 한다.

그럼에도 어떤 사람은 자신이 노력한 이상의 보답을 바라며 일이

뜻대로 되지 않으면 조급한 마음에 하늘을 원망한다. 그리고 자신의 선택에 회의를 품는다. 목표를 향한 집중력이 흩어지면 결과적으로 중도 하차를 선언할 수밖에 없다. 이런 태도가 몸에 밴다면 희생의 대가는 영원히 돌려받지 못할 것이다.

인류의 발전 과정은 일정한 리듬을 따른다. 농부들이 절기마다 시기를 놓치지 않고 온 마음을 다해 농작물을 재배하는 것과 같은 맥락이다. 풍작을 바라는 농부는 하늘의 뜻에 모든 걸 맡기지 않는다.

모든 일은 요리와
다르지 않다

Y는 어릴 적부터 엄마가 해준 밥이 세상에서 가장 맛있는 음식이라고 생각했다. 이제 곧 결혼을 앞둔 그녀는 친정 엄마의 음식 솜씨를 배우려고 간단한 반찬 몇 가지를 함께 만들기로 했다.

Y의 엄마는 음식을 만들기 전에 재료 손질법부터 가르쳐주었다. "프라이팬을 달구기 전에 요리에 쓸 고기와 채소를 한입 크기로 먹기 좋게 썰어두어야 해." Y는 엄마가 말한 대로 도마 위에 채소를 올려놓고 일정한 크기로 썰었다.

때마침 전화벨 소리가 울렸고 엄마가 전화를 받으러 간 사이 Y는 '이 정도쯤이야 식은 죽 먹기 아니겠어?'라는 생각에 고기와 채소를 한꺼번에 프라이팬에 넣고 볶기 시작했다. 잠시 후 주방으로 돌아온 엄마는 고기와 채소가 프라이팬에 마구 눌어붙은 것을 보고는 처음부터 다시 요리 시범을 보여주었다.

Y는 그제야 어깨 너머로 볼 때는 쉬워 보였던 요리도 단계마다 순서를 지켜야 한다는 사실을 깨달았다. 채소는 팬에 넣는 순서가 종류별로 달랐고 무엇을 익히느냐에 따라 화력도 조절해야 했다. 엄마가 하는 순서대로 똑같이 따라하고서야 평소 집에서 먹던 요리와 비슷한 맛을 낼 수 있었다. Y가 흡족한 미소를 짓자 엄마는 이렇게 말했다.

"채소를 썰 때 모양과 두께를 달리해야 하는 이유가 있단다. 뜨거운 팬에서 채소들이 익는 정도가 제각각이기 때문이란다. 그래서 채소마다 두께를 달리하지 않으면 어떤 건 물러지고 어떤 건 설컹거려서 제 맛이 안 나지. 팬에 넣고 볶을 때도 불 조절을 잘 해야 한단다. 안 그러면 속이 익기도 전에 겉부터 타버리거든.

너도 이제 결혼을 하고 나면 지금까지 살아온 것과는 다른 삶이 펼쳐질 거야. 하지만 어떤 일이든 단숨에 해결될 거라는 조바심은 버렸으면 한다. 그저 오늘 하루치 노력을 다하면서 최선을 다했으면 해. 네 인생에 주어진 소중한 하루를 성실하게 요리하면 행복을 맛볼 수 있을 거야."

인생도 계단처럼
한 걸음씩

사실 우리가 매일 먹는 밥상에서도 인생과 관련해 심오한 통찰을 발견할 수 있다. 왜냐하면 아무리 위대한 인물도 단숨에 비약적인 성공을 거두는 경우는 거의 없기 때문이다.

인생에서 가장 중요한 것은 목표를 설정하고 난 후에 실행 과정에서 맞닥뜨리게 되는 조바심을 지혜롭게 다스리는 것이다. 성공이라는 최종 목적지에만 마음이 가 있고 중간 단계는 생략해도 된다고 여긴다면 늘 제자리걸음일 수밖에 없다.

일상의 모든 단계를 착실하게 밟으면서 인생의 문턱을 넘는다면 기회는 언제든지 찾아온다. 성공으로 가는 길목마다 숨어 있는 아름다운 풍경을 감상할 기회도 놓치지 않아야 한다. 자신도 모르는 사이에 인생의 매 단계에서 축적된 다양한 경험은 언제 다가올지 모르는 고비를 가뿐히 뛰어넘게 해줄 것이다.

제 2 부

사람이 재산이다

인간관계

1장

각인의 심리학

첫인상은 당신의 가치를
결정한다

초두 효과
첫인상의
날카로운 기억

처음 본 얼굴인데도 날카로운 첫인상으로 오래도록 기억에 남는 사람들이 있다. 예를 들어 촌철살인의 일갈을 날리며 비수처럼 정곡을 찌를 때 우리는 그를 한 번쯤 다시 돌아보게 된다. 혹은 재치가 번뜩이는 가벼운 농담이나 심오한 삶의 통찰을 쏟아내는 달변가 역시 단번에 강렬한 인상을 남긴다. 특히 매일 사무실에서 마주치는 따뜻한 카리스마를 가진 상사는 단순히 존경하는 것을 넘어서 충성을 맹세하지 않을 수 없다.

이러한 사례는 첫인상의 중요성을 말해준다. 첫인상은 단숨에 타인의 호감을 이끌어내는 결정적인 요인이 된다. 심리학에서는 이를 '초두 효과(Primacy Effect)'라고 한다.

첫인상의 위력은
생각보다 강하다

첫인상의 파급력과 지속성은 상상을 초월한다. 특히 첫 단추를 어떻게 끼우느냐에 따라 사회생활의 성패가 갈리기 마련이다. 창업을 구상 중이든, 이직을 계획 중이든 사회생활을 하는 한 타인과의 접촉은 불가피하다. 이런 현실에서 첫인상은 타인의 뇌리에 잊을 수 없는 이미지로 각인된다.

중국엔 "신임 관리가 오면 횃불을 세 개 밝힌다"는 속담이 있다. 옛날 신임 관리들은 부임 초기에 '횃불'을 환히 밝혀가며 밤샘 공무를 수행했다. 그들의 열정적인 모습은 고을의 백성과 하급 관리의 눈에는 '훌륭한 관리'라는 이미지를 심어준다. 취업난이 극심한 요즘, 이러한 이미지 연출은 사회 초년생뿐만 아니라 산전수전 다 겪은 경력직이라고 해도 결코 소홀히 할 수 없다.

경력과 신입을 불문하고 말끔한 정장과 격식에 맞는 말투를 고집하는 이유는 무엇일까? 이왕이면 면접관에게 좋은 첫인상을 남기려는 것이다. 기업의 이미지에 부합하는 단정하고 품위 있는 복장과 말투는 구직자의 기본자세이기 때문이다.

외모를 평가의 잣대로 삼는 현상이 바람직한 것은 아니다. 하지만 눈에 비춰지는 대로 타인을 평가하는 경박한 세태가 우리 사회에 이미 퍼져 있다. 아무리 숨은 내공을 가진 실력자라고 해도 색안경을 쓰고 보는 시선으로부터 자유로울 수 없다. 이 같은 맥락에서 미국 대통령 링컨이 재임하던 시기에 회자되었던 일화는 유명하다.

어떤 친구가 링컨에게 인재를 추천한 적이 있었다. 그러나 링컨은 첫눈에 보자마자 곧바로 거절의 뜻을 밝혔다. 첫인상이 너무 볼품 없고 초라해 보인다는 이유였다. 외모로 사람을 평가해서는 안 된다며 친구가 충고하자 링컨은 이렇게 대답했다. "사람은 마흔 살이 넘으면 자기 얼굴에 책임을 져야 하는 걸세."

보통 사람들은 평범한 재주와 외모를 가지고 한평생을 살아간다. 그렇다고 해서 '일만 잘하면 그만이지 외모는 아무 문제가 안 된다'거나 '뚝배기보다는 장맛'이라는 고정관념에 사로잡혀, 사회적 시선을 무시한 채 무성의하고 예의에 어긋나는 겉모습을 고수한다면 따가운 시선을 받을 수도 있다.

첫인상으로 180도
달라진 미래

K는 유명 IT 회사의 소프트웨어 개발부 팀장이다. 그는 신입 사원을 채용할 때마다 면접을 보러 온 지원자들을 유심히 관찰하는 습관이 있었다. W는 여러 면에서 K의 시선을 유난히 잡아끄는 독특한 지원자

였다. 명문대를 졸업하고 복수전공 학위를 취득한 그는 미국의 아이비리그 출신이었다.

하지만 면접장을 찾은 W의 첫인상은 노트북 가방을 비스듬히 메고 헐렁한 힙합 바지 차림에 야구 모자를 삐딱하게 눌러쓴 모습이었다. 격식에 맞춰 깔끔하게 정장을 차려입은 다른 지원자들이 다소 긴장된 모습으로 차례를 기다리는 것과는 달리 W는 이어폰을 귀에 꽂고 여유롭게 음악을 듣고 있었다. 지금껏 이처럼 무성의한 태도를 보인 지원자는 W가 처음이었다. 면접장을 댄스 학원으로 착각하고 잘못 찾아온 게 아닌지 두 눈을 의심할 지경이었다.

막상 면접이 시작되자 W가 전공 지식과 업무에 관해 내놓은 해박한 답변은 다른 면접관들이 혀를 내두를 정도였다. 하지만 여전히 두 다리를 덜덜 떠는 등 불량한 태도로 K팀장의 눈살을 찌푸리게 했다. 면접 결과는 의외였다. 탄탄한 실력과 화려한 스펙에도 불구하고 논란 끝에 W가 비정규직에 임시 채용된 것이다. 더구나 그가 지원했던 핵심 프로그램 개발 부서도 아니었다.

하지만 입사 후 W는 기대 이상의 업무 역량을 발휘했고 기존의 동료들과 스스럼없이 지내는 등 첫인상으로 인한 선입견을 극복해나갔다. 그의 유일한 결점을 지적한다면 산만한 행동과 타인의 시선에 둔감하다는 것이 문제였다. K팀장은 자신의 행동과 옷차림이 다른 사람의 눈에 어떻게 비춰지는지 전혀 신경 쓰지 않는 W를 여전히 못마땅하게 여길 수밖에 없었다.

입사 후 몇 달이 흐른 어느 날, W는 회식 자리에서 동료들의 입을 통해 자신의 첫인상에 관한 뒷말을 전해 듣게 되었다. 더욱 충격적인 사실은 회사가 전액을 지원해주는 해외 교육연수팀 선발 과정에서 자신이 제외되었다는 것이었다. 처음에는 울분을 터트렸으나 자신의 복장과 태도가 상사들의 기준에서 크게 벗어나 있음을 지적하는 선배의 충고에 수긍하지 않을 수 없었다.

그 후로 W는 사무실에서 옷차림과 언행에 각별히 주의를 기울이기 시작했다. 야구 모자와 헐렁한 후드 티는 벗어던졌다. 단정한 이미지 연출을 위해 정장 셔츠를 착용하고 안경까지 차분한 검은 테로 바꾸었다. 회의 시간에 다리를 벌리고 앉는 볼썽사나운 자세를 고치고 유난히 목청을 높이는 말버릇도 없앴다. 직장인이 갖춰야 하는 세련된 사무실 매너를 차츰 몸에 익히며 변신을 꾀했던 것이다.

W의 변화를 가장 먼저 눈치챈 사람은 K팀장이었다. 다행히 그도 주관적으로 판단한 W의 첫인상에서 벗어나 업무 태도와 회사 기여도를 재평가하기 시작했다. 선배의 뼈아픈 지적을 받아들여 완전히 변신에 성공한 덕분에 W는 K팀장의 뇌리에 각인된 첫인상에서 벗어날 수 있었다. 그해 연말, W는 올해의 최우수 신입 사원으로 뽑혔고 K팀장으로부터 직접 상패를 수여받았다.

W는 자신의 잘못을 깨닫자마자 곧바로 고쳤다. 덕분에 지독히도

나빴던 첫인상 점수를 만회할 수 있었다. 만약 그가 면접 과정에서 자신의 이미지 연출에 신경 썼다면 입사 후에도 꽃길만 걸었을지 모른다. 전액 지원 연수에서 제외되는 뼈아픈 대가를 치르지도 않았을 것이다.

면접에서 긍정적인 평가를 받아야 하는 이유는 당락을 좌우하기 때문만이 아니다. 직장 생활의 첫 단계에서부터 상사에게 미운 털이 박힌다면 입사 후에 그를 기다리는 것은 꽃길이 아니라 가시밭길일 테다.

이미지 연출은 선택이 아니라 필수다

실제로 우리 주변에는 W처럼 타인의 시선에 개의치 않는 무신경한 이들이 있다. 몇 달째 같은 옷을 입고 출근하거나 옆자리 동료에게 불쾌감을 주는 때 묻은 셔츠 깃이나 뜯어진 소매 단추 따위도 아랑곳하지 않는다. 일하러 왔지 패션쇼 하러 왔느냐고 오히려 되묻는다. 하지만 이런 무신경한 태도는 같은 공간에서 생활하는 타인에 대한 배려가 결여된 행동이다. 나아가 자신의 업무 능력에 대해서까지 의심을 살 수 있다.

어느 분야를 막론하고 사회적 입지를 구축하고 전문가로 대우받으려면 업무 역량은 기본이고 대외적인 이미지 연출에도 성의를 보여야 한다. 자신의 가치를 결정하는 첫인상을 좋게 보이는 것이야말로 성공적인 사회생활의 첫걸음이다.

노출 효과

자주 보면 좋게 보이고
오래 보면 마음이 열린다

잦은 접촉으로 타인에게 자신의 존재를 각인시키는 '노출 효과(Exposure Effect)'는 흔히 말하는 일회성 만남과는 상반된 개념이다. "백번을 보면 뜻을 깨우친다"는 말이 있다. 이는 반복적인 학습 효과를 강조하는 것으로, 암기 위주의 주입식 교육법은 사실 심리학자들이 말하는 노출 효과를 노린 오래된 학습법이다.

최근 들어 어떤 사람들은 '새것을 좋아하고 낡은 것을 싫어하는' 인간의 속성상 노출 효과의 역효과를 지적하기도 한다. 잦은 노출이 식상함을 부른다는 반론도 만만치 않기 때문이다. 하지만 1960년대에 이루어진 실험은 노출 효과를 잘 설명해주고 있다.

심리학자 로버트 자이언스(Robert Zajonc)는 여러 사람에게 낯선 인물의 사진을 무작위로 보여준 뒤 호감도를 조사해보았다. 그 결과 같은 인물의 사진을 자주 볼수록 강한 호감을 보인다는 사실을 발견했고, 반복적인 노출이 타인에 대한 친근감과 호감을 높인다는 결론을 얻었다.

약방의 감초가 호감도를 높인다

만약 일상 전반에 이런 노출 효과를 적용한다면 놀라운 결과를 기대할 수 있지 않을까. 비즈니스 협상에서든 친목 관계에서든 자신의 존재감을 인식시키려면 결코 한 번의 만남으로 충분하지는 않을 것이다.

정서적인 연결 고리를 이어가려면 날씨나 안부를 묻는 사소한 문자라도 보내 타인과 지속적으로 접촉해야 한다. 이로써 상대의 뇌리에서 나의 존재가 사라지지 않도록 하는 것이다. 놀랍게도 이러한 노력은 대부분 호감으로 이어진다. 시의적절하게 이미지를 노출하면 타인의 호감을 더 높이 살 수 있기 때문이다.

따라서 자신이 속한 단체에서 인적 네트워크를 공고히 구축하려면 대외적으로 모습을 드러내는 횟수를 늘리는 것이 좋다. 공적인 행사와 사적인 자리를 구분하지 않고 적극적으로 참여해 친근한 이미지를 공략하는 방식은, 연예인들이 TV 화면에 자주 등장할수록 인기가 높아지는 속성을 노리는 거나 다를 바 없다. 대중과의 심리적 문턱을 낮추고 마치 이웃집 삼촌이나 이모 같은 푸근함을 강조해 많은 사람의 환영을 받는 일은 일반인이라고 해서 예외는 아니지 않을까.

영업 사원은 첫 만남에서 경계심과 어색함을 없애기 위해서라도 이러한 노출 전략을 이용할 필요가 있다. 약방의 감초처럼 나타나 고객에게 점차 낯익은 얼굴을 만든다면 머지않아 영업 기회가 주어지고 편의를 제공받는 사례가 실제로 적지 않기 때문이다. 실적이 좋은 영업 사원일수록 노출 효과의 기적을 믿어 의심치 않는다.

유독 폭 넓은 인맥을 자랑하는 사람들의 공통점은 이러한 노출 효과의 덕을 톡톡히 보고 있음을 알 수 있다. 목표 대상이 생기면 우연과 필연을 가장해 대상과의 접촉 횟수를 늘려간다. 낯선 타인을 경계하는 사람들의 심리를 허무는 최고의 전략인 셈이다.

당신도 모임의 꽃이 될 수 있다

사람들이 흔히 '셀럽'이라고 부르는 인기남, 인기녀들도 마찬가지다. 이들은 낯선 이와의 만남을 거부하지 않는다. 첫 대면에서 통성명을 하고 나면 친근감이 생길 때까지 모든 수단과 방법을 동원해 상대를 공략한다. 물론 사회 초년생들이 이런 노출 전략을 자유자재로 활용하기란 결코 쉬운 일이 아니므로 평소에 몇 가지 사항을 염두에 두는 것이 바람직하다.

타인의 관심과 주목을 받고 싶은 심리는 인간의 본성이다. 이는 대중 앞에 자신의 존재를 끊임없이 노출하지 않고서는 불가능한 일이다. 따라서 시간과 장소를 적절히 활용하는 노출 전략을 통해 '지명도'를 쌓아간다면 만인의 사랑을 받는 모임의 꽃이 될 수 있다.

반면에 사람이 많이 모인 자리에만 가면 갑자기 긴장하거나 뻣뻣해지는 폐쇄적인 성향이라면, 안타깝지만 노출 효과를 기대하기 어렵다. 이런 이들은 아무리 여러 번 얼굴을 익힌 사이라 해도 호감도 상승은 고사하고 '누구시더라' 하는 눈빛 앞에서 사교성이 부족한 자신을 탓할 수밖에 없다.

° 매너 있는 '인싸'가 사랑받는다

'적극적인 모임 주도형 인간'이 돼라. 직장 동료나 지인의 크고 작은 일에는 될 수 있으면 빠지지 않고 적극적으로 참여한다.

만약 불특정 다수가 모인 공적 성향의 모임이라면 개인적인 매력을 발산하되 지나친 행동으로 눈살을 찌푸리게 해서는 안 된다.

개인적인 호감도 역시 모임의 분위기가 절정에 이르러서야 정점에 다다른다는 사실을 명심하라.

° 미소를 띠고 베푸는 사람을 싫어하는 사람은 없다

쾌활하고 상냥한 이미지를 만들고 대외 봉사를 즐겨라.

사심 없이 아끼지 않고 베풀 때 내가 베푼 만큼 나에게도 돌아오기 마련이다. 그뿐만 아니라 좋은 이미지도 얻을 수 있는 일석이조의 기회인 셈이다.

° 안부 묻기를 쑥스러워하지 말자

일상에서 가벼운 안부 인사를 수시로 주고받는 습관을 들여라. 문득 생각나서 보낸 듯한 소소한 안부 문자가 상대의 호감을 자연스레 이끌어낼 수 있다.

생일이나 명절 따위에 축하 인사를 건네는 것도 한 방법이다. 이를 계기로 나와 상대방 모두가 기쁘고 좋은 관계를 오래 유지할 수 있는 작은 선물이 될 것이다.

대화의 기술
대화의 주도권을 잡는 것이 성공의 열쇠

영국의 유물주의 철학자 프랜시스 베이컨(Francis Bacon)은, "진정한 연설가는 대화의 주도권을 쥐고 가벼운 농담에서도 심오한 통찰을 이끌어낸다. 사교의 고수들은 대화의 흐름을 쥐고 있으며 어느 장소에 가든지 찬사를 받는다"고 말했다. 전쟁에서 승리하려면 적보다 먼저 유리한 고지를 점령해야 한다. 사회생활도 이와 별반 다르지 않다. 반드시 협상 테이블이 아니라 해도 대화가 오고 가는 도중에 능수능란하게 주제를 이끌어낸다면 호감도 면에서 후한 점수를 얻을 수 있다.

문제는 대화의 방향이 어디로 튈지 모른다는 점이다. 따라서 모임의 성격에 맞게 다채로운 대화의 흐름을 만들려면 화제의 전환이 자연스럽게 이루어져야 한다. 원하는 방향으로 대화를 주도하는 능력은 사회생활에서 윤활유 역할을 한다.

사소한 준비가 대화를
성공으로 이끈다

A는 대학 졸업과 함께 모 회계 사무소의 인턴직에 채용되었다. 정규직 전환 규정에 따르면 입사 후 2개월 이내에 새로운 계약을 두 건 이상 맺어야만 했다. 사실 다른 지역 출신인 A가 낯선 대도시에서 새로운 고객을 영입하기는 처음부터 불가능에 가까운 일이었다.

그는 아침부터 밤까지 열심히 거래처를 방문했으나 문전박대를 당하기 일쑤였다. 차가운 현실의 벽에 부딪친 그에게 돌아오는 것은 쓰디쓴 거절의 말뿐이었다. 한 달의 절반이나 지나는 사이 계약을 단한 건도 확보하지 못한 A는 실의에 빠졌다.

그러나 두 달 후 A는 무려 10여 건의 새로운 계약을 체결하는 놀라운 성과를 보였다. A가 다른 인턴들의 부러운 눈길 속에서 가장 먼저 정규직으로 전환되었음은 당연한 결과였고 호봉도 두 배나 올랐다. 비결을 묻는 동료들의 질문에 그는 다음의 이야기를 들려주었다.

한 달 전의 일이었다. 의기소침해지던 A에게 상사가 내민 명함 한장은 그에게 희망의 빛을 전해주었다. 이미 사기가 바닥에 떨어질 대로 떨어진 그는 처음엔 자포자기의 심정으로 택시에 올랐다. 그는 무심코 주머니 속의 명함을 꺼내 들여다보았다. 명함에 적힌 대표의 이름 석 자를 발견한 A는 속으로 쾌재를 불렀다. 거래처 대표는 흔히 찾아볼 수 없는 희귀한 '복성(複姓)' 씨였던 것이다. 더구나 A가 예전에 읽었던 책에 공교롭게도 거래처 대표와 같은 이름을 가진 주인공이 등장하기도 했다.

A는 대표를 만나기 전에 대표의 집안에 대해 사전 조사를 했다. 그리고 처음 만나는 자리에서 A는 자신 있게 인사를 건넸다. "안녕하십니까? 대표님을 만나 뵙게 되어 대단히 영광입니다. 성이 매우 독특하셔서 꼭 뵙고 싶었어요." 심드렁한 태도를 보이던 대표가 갑자기 두 눈이 휘둥그레지더니 A에게 관심을 보였다. "지금까지 많은 사람을 만나봤지만 명함에 적힌 내 이름의 한자를 제대로 읽을 줄 아는 사람은 거의 없었어요. 한참 젊은 친구가 참 대단하군요."

A는 차분하게 대화를 이어갔다. "대표님, 너무 과분한 칭찬이십니다. 대표님 가문은 희귀한 복성 집안이시라 유래도 남다를 것 같습니다. 아마 명문가의 후손이 아닐까 짐작해봅니다." 대표는 더욱 어깨가 으쓱해지더니 집안 이야기를 술술 털어놓았다. "사실 우리 가문에서 배출한 인재만 해도 한둘이 아니지요. 송나라 시대의 사학(社學)을 대표하는 학자에서부터 대대손손 훌륭한 가풍이 이어졌으니까요."

두 사람의 대화는 꼬리에 꼬리를 물고 이어졌다. 대표가 A에 대한 경계를 내려놓자 분위기는 점차 화기애애해졌고 금방 자연스러운 공감대가 형성되었다. 대화의 주도권을 쥔 채 대표의 흥미를 자극하는 데 성공한 A의 접근 방식은 두 사람 사이에 신뢰를 쌓는 결정적 계기가 되었다. 무엇보다 A는 첫 대면에서 무리하게 자신의 의도를 드러내지 않았고 시종일관 유쾌한 대화 속에서 호감을 주려고 노력했다.

행운의 여신은 마침내 A의 손을 들어주었다. 이번 일로 완전히 용기를 얻은 A는 이후 다른 거래처에서도 새로운 계약을 체결할 수 있었다. A와의 첫 거래를 성사시킨 뒤 거래처의 대표는 이런 말을 남겼다. "솔직히 자네가 처음 나를 찾아왔을 때는 예의상 차 한 잔만 대접하고 돌려보낼 생각이었다네. 그런데 막상 자네와 대화를 해보니 요즘 젊은이와 달리 대화가 통한다는 사실을 깨닫게 되었지. 섣부른 욕심을 버리고 끈기 있게 대화를 이끌어가는 자네를 보니 장래가 촉망되는 청년이라는 생각이 들더군."

영업 전에 사전 준비를 통해 대화의 흐름을 이끈 A의 작전은 효력이 있었다. 협상 전 철저한 준비는 상대의 마음을 여는 열쇠가 된다. 만약 A가 대표와의 첫 만남에서 대화의 물꼬를 트지 못했다면 지금의 결과는 기대할 수 없었을 것이다.

시의적절한 대화는 최고의 윤활유

시의적절한 주제를 이끌어내는 대화법은 업무 전략인 동시에 인간관계를 부드럽게 하는 최고의 윤활유이다. 남녀노소를 불문하고 대화가 자연스럽게 흘러가면 상대에 대한 호감으로 이어지기 때문이다. 이로써 협상에서 유리한 고지를 선점하거나 사업의 성패가 결정 나기도 한다.

상대의 정보를 사전에 입수하고 대화의 흐름을 미리 예측해 화제의 주도권을 쥔 A의 전략은 완벽한 신의 한 수였다. 하지만 일상에서 예측 불가한 대화의 흐름을 완전히 통제하고 적정한 수위를 유지하기란 결코 쉬운 일이 아니다.

°사전 조사만이 승리의 발판이 된다

인간관계는 타인에 대한 이해를 바탕으로 해야 하며 대상이 누구냐에 따라 다각도의 분석이 요구된다.

만나는 목적에 따라 이해의 방향과 깊이를 조절해야 하는데, 냉엄한 비즈니스 세계에서 중요한 협상을 앞둔 경우에는 치밀한 사전 조사가 필수다. 상대의 성격과 배경, 기호는 물론이고 '아킬레스건'이라 할 수 있는 취약한 부분까지 알아내야 한다. 상대에 대해 완벽하게 이해하고 사전 준비가 철저했을 때 협상의 승산은 높아진다.

그러나 이러한 분석 못지않게 중요한 것은 자신의 능력과 한계를 명확히 인식하는 일이다. 비즈니스 협상에서는 테이블 위로 미묘한 신경전이 오고 간다. 한 치의 양보도 없는 팽팽한 심리전에서 상대를 미리 분석하지 않고서는 결코 대화의 주도권을 쥘 수 없다. 대화의 향방을 가늠할 수 없다면 사업의 향방마저 불확실해진다는 사실을 간과해서는 안 된다.

°대화가 유쾌하면 모두가 유쾌해진다

불특정 다수가 모인 자리에서 화제를 선택할 때는 개개인의 상황을 세심하게 판단하라. 구성원들의 개인적 정서와 입장을 고려해 대화를 이끌어야 한다. 필요하다면 분위기를 띄우는 립 서비스를 아끼지 말자. 칭찬은 고래도 춤추게 하는 법이다.

다만 한 가지 조심할 것은 개인의 사생활 문제를 언급하는 일이다. 또 '왕년에 내가 말이야'로 시작하는 대화법은 사람들이 가장 기피하는 대화 1순위라는 사실을 잊지 말라. 대화가 무르익는 도중에도 소외되는 사람은 없는지 살피고, 누구나 관심을 보이는 유쾌한 주제를 선택해야 한다.

간혹 대화 주제를 독점하려는 사람이 있을 수 있는데 서로 기분이 상하지 않도록 다음 사람에게 살짝 대화의 주도권을 넘기는 유연성을 발휘할 필요가 있다.

° 대화에도 T.P.O.가 있다

대화에도 T.P.O.(시간(Time), 장소(Place), 상황(Occasion))가 있다. 만약 대화의 주도권을 잡았을 때는 속도에도 각별한 주의를 기울여야 한다. 말의 속도가 지나치게 빠르면 조급한 마음이 드러나거나 듣는 사람에게 부담을 줄 수 있다.

말하는 사람의 정서와 의도는 말투에 그대로 반영되는 법이다. 비즈니스 협상에서 조급한 속내를 드러낼 경우 의심과 경계심을 불러일으킬 수 있다. 상대가 위압감을 느끼는 기세등등한 말투 역시 심리적인 거부감을 줄 수 있다.

만약 특정한 소수를 불편하게 한다면 반드시 화제의 방향을 돌려야 한다. 의도치 않았지만 상대의 민감한 상처를 건드린다면 전체의 분위기까지 해칠 수 있기 때문이다. 따라서 대화의 주도권을 쥐었을 때일수록 누구보다 눈과 귀를 활짝 열어두어야 한다.

° 우아함을 잃지 않는 것이 대화의 무기다

누구에게나 익숙하고 친근한 대화 주제를 선택해야 한다. 개인사에 치우치는 사적인 주제는 최대한 피하고 공감대 형성에 적합한 주제를 선택하는 전략적 안목이 필요하다.

대화의 초점을 자신의 관심사에만 맞추는 것도 문제지만 대화의 주도권을 상대에게 넘긴 채 질질 끌려가는 상황 역시 바람직하지 않다. 대화의 중심에서 밀려난 상대는 마지못해 고개를 끄덕이게 된다. 이 경우 자칫 영혼 없는 '예스맨'으로 전락하거나 꿔다놓은 보릿자루처럼 귀중한 시간을 허비할 수 있으니 피차 손해다.

새뮤얼 스마일스(Samuel Smiles)는 이렇게 말했다. "다정한 말투와 절도 있는 매너, 고상한 풍모는 타인의 영혼으로 들어가는 통행증이다."

겸양어와 존대어의 효과
말 한마디가
천 냥 빚 갚는다

동양에서는 예로부터 예의를 최고의 덕목이라 했다. 이 때문에 고대부터 일찍이 겸양과 존대어가 발달했는데, 인칭대명사의 섬세한 뉘앙스 차이 역시 같은 맥락에서 해석해볼 수 있다.

'나'와 '우리', 혹은 '너'와 '당신' 같은 인칭대명사는 문법적인 차원 이전에 받아들이는 사람에 따라 뉘앙스에 차이가 있다. '우리'라고 지칭할 때는 함께 존재하고 번영하는 집단의 구성원이라는 개념이 강하므로 '나'에 비해 상호 존중의 의미가 두드러진다. 2인칭 대명사 '너' 역시 적절치 못한 상황에서 사용하면 무례한 인상을 풍길 수 있다. 심지어 상대에게 모멸감을 줄 수도 있기 때문에 오해할 여지가 없도록 주의해야 한다.

사회생활에서는 인칭대명사 하나도 상대의 지위와 상황에 맞게 적절히 선택해야 한다.

말 한마디로 위기를
넘기다

무역 회사에 근무하는 O는 다소 왜소해 보이는 체구에도 불구하고 일당백의 업무 수행 능력으로 항상 주변 동료들에게 감탄의 대상이 되었다. 그는 동료들의 칭찬이 끊이지 않는 가운데서도 겸손한 말투를 유지했다. "실력으로 따지면 여러분이 저보다 능력자라고 생각해요. 단지 제가 운이 좋은 편이었나 봅니다. 다음 프로젝트에서는 여러분의 아이디어도 빛을 발할 거라고 생각합니다. 같은 동료끼리 서로 이끌어줘서 회사가 성장한다면 이보다 더 좋은 일은 없잖아요."

O는 늘 겸손한 태도를 보였기에 다른 사람의 기분을 상하게 하는 법이 없었다. 이 때문에 그가 사무실에서 승승장구를 거듭하는 동안 누구 하나 그를 시기하거나 질투하지 않았다. 그러던 어느 날이었다. 동료 J는 평소 무례한 말투를 서슴지 않는 바람에 제법 규모가 큰 회사의 거래처들 사이에서 일어난 분쟁에 휘말리게 되었다. 이 일로 인해 결국 거래처로부터 협상을 중단하겠다는 통보를 받았다. 사장은 뒤늦게 사과 메일을 보내 조용히 무마하기를 요청했지만 소용이 없었다.

속이 까맣게 타들어가는 사장을 지켜보던 O는 한 가지 제안을 했다. "사장님, 제가 한번 찾아가서 사과를 해볼게요." 사장은 지푸라기라도 잡는 심정으로 O를 내세웠고 그날 오후 회사로 돌아온 O는 이렇게 전했다. "이번 일은 없던 걸로 하겠다는 확답을 듣고 왔으니 너무 염려마세요. 그런데 한 가지 조건이 붙었어요. 오늘 이후로 모든 업무를 담당자인 J 대신에 저와 추진하고 싶다는데 만약 이 사실을 J가 알면 제 입장이 너무 곤란할 것 같습니다. 그의 자존심에 상처를 주고 싶지 않거든요." 사장이 말했다. "J의 일은 내가 처리할 테니 너무 걱정 말게. 우선은 그들의 요구 사항대로 해주게." 사장은 하마터면 J의 불찰로 인해 영업상 치명적인 손실을 입을 수도 있었지만 O의 입장을 생각해 J에게 어떤 징계도 내리지 않았다.

사태가 마무리되고 나서 J는 모든 것이 O의 중재 덕분임을 알고 감사의 뜻을 전했다. 하지만 O는 오히려 J의 이해를 구하며 이렇게 말했다. "솔직히 말하면 내가 J의 거래처를 가로챈 기분이 들어 여간 미안한 게 아니에요. 하지만 어차피 한 회사에서 월급을 받는 입장이니 내 입장을 이해해줬으면 해요. 그리고 거래처 쪽 이야기를 전하자면 J는 거친 말투도 문제지만 상대의 호칭에도 좀 더 신경 썼으면 하더군요. 아무 의도 없이 한 말도 오해받을 수 있거든요. 이번 기회에 거래처를 응대하는 태도를 돌아보고 개선해주면 좋을 것 같아요."

먼저 절하는 사람은
손해 볼 일이 없다

스스로 존중받고 싶으면 상대를 먼저 높여야 한다. 처음 보는 상대에게 극존칭을 쓰거나 겸양의 표현을 사용한다면 누구라도 경계를 풀수밖에 없다. 상황과 직급에 맞는 적절한 호칭과 겸양어(자신을 낮춤으로써 상대편을 높이는 말)는 사회생활의 기본적인 에티켓이라는 사실을 간과해선 안 된다.

대인관계에서는 세밀한 변수가 생각보다 큰 영향을 미친다. 만약 사회생활에서 유연성을 발휘하지 못한다면 업무에 차질이 생기는 건 물론이고 모든 일상에서 걸림돌이 될 것이다.

"좋은 아침입니다", "식사는 하셨어요?", "오늘 기온이 차가우니 감기 조심하세요"처럼 가벼운 안부를 묻는 일에 주저하지 말자. 이는 대가 없이 따스한 마음을 전달하는 효과를 극대화한다. "먼저 절하는 사람은 손해 볼 일이 없다"는 말이 있듯이 상대를 추켜세우는 일이 자신의 가치를 높인다는 사실을 명심하라.

호명 효과
그는 내게로 와서
꽃이 되었다

잘 알고 지내온 사람의 이름을 누군가 물어봤을 때 갑자기 이름이 떠오르지 않아 당황했던 기억은 누구나 있을 것이다. 언제 봐도 죽이 척척 맞는다고 여겼던 사람인데 막상 서로의 이름을 모르는 경우도 적지 않다. 이름을 부르지 못하고 속으로 진땀만 흘리고 있다면 상대는 서운함을 느낄 수밖에 없다. 심지어 자신이 무시당하고 있다고 오해하기 쉽다. 그날 밤 조용히 당신의 이름을 친구 목록에서 지운다 해도 어쩔 도리가 없다.

현대사회는 거미줄처럼 복잡하게 얽혀 있고 인간관계의 그물망은 백 배는 더 복잡미묘하다. 만약 사람을 사귈 때 타인을 빨리 친구로 삼고 싶다면 이름을 기억하라. 대화 도중 추임새처럼 적절한 순간에 상대의 이름을 부르는 행위는 호감도를 높이는 동시에 기대 이상의 행운을 얻을 수도 있다.

미국의 부시(Bush) 대통령은 재임 시절 폭넓은 인맥을 쌓았다. 특히 사회 각계에 걸친 인적 네트워크는 일반인의 상상을 초월했다. 부시 대통령이 새로운 사람을 만나는 족족 친구로 삼을 수 있었던 비결에는 그의 뛰어난 친화력이 한몫 했다. 이들이 결국 부시의 강력한 지지자가 되었음은 의심할 여지가 없다.

미국의 철강왕 카네기는 한번 만난 사람의 이름은 절대 잊어버리는 법이 없었다고 한다. 그는 "친구가 되고 싶다면 이름을 기억하라. 누군가의 이름을 불러주는 일은 상대의 존재가 나의 뇌리에 깊게 각인되었음을 상대에게 확인시켜주는 일이다. 이름을 부르는 일은 존재의 증명과도 같다"는 명언을 남겼다.

누군가의 이름을 나지막하게 불러준다는 것은 상대의 가슴에 가장 아름답고 상징적인 흔적을 남기는 일이라고 해도 과언이 아니다. 타인의 이름을 기억하고 호명하는 일은 사회생활에서 서로의 관계를 단단히 다지는 주춧돌이다.

L교수의 독특한
이름 기억법

대학교수 L은 중년에 접어든 나이에도 젊은 제자들과 스스럼없이 지냈다. 새 학기가 시작되자 L은 4개 학년 전원을 인솔해 바닷가로 수련회를 떠나게 되었다. 학생들은 바다에 대한 동경과 기대로 수련회 날짜만 손꼽아 기다렸고 버스에서 내리자마자 너나 할 것 없이 해변으로 달려나갔다.

학생들의 안전을 책임져야 하는 L교수는 바닷물로 뛰어드는 1학년 신입생을 발견하고 멀리서 큰소리로 이름을 불렀다. 이때 2학년 학생인 P가 놀란 눈으로 이렇게 물었다. "교수님, 개강한 지 한 달도 안 됐는데 벌써 신입생 이름까지 외우고 계셨어요? 4개 학년을 모두 합치면 3백 명도 넘는데 강의실에서도 저희들 이름을 한 명도 빠짐없이 외우고 계시니 정말 존경스러워요."

그러자 L교수가 웃으며 말했다. "학생마다 제각각 고유한 이름을 가진 것처럼 얼굴이나 행동에도 독특한 특징이 있지. 더구나 나는 오래 전부터 신입생이 입학한 첫날 강의실에서 아이들의 인상을 유심히 관찰하는 습관이 있단다. 외모와 행동의 특징을 눈여겨본 다음에 각자의 이름을 떠올리면 처음 보는 학생이라도 이름을 쉽게 기억할 수 있다네."

조그만 관심이 예상 밖의
선물을 가져온다

누군가의 이름 석 자를 기억하고 부르는 일은 그리 간단치 않다. 사실 뛰어난 암기력보다는 가슴이 움직여야 하는 일이기 때문이다. 이름을 부르는 일은 타인을 향한 가장 친밀하고 따스한 관심의 또 다른 표현이다.

하지만 사회인이 되어 수많은 사람과 관계를 맺다 보면 기억이 가물가물해지거나 선뜻 떠오르지 않는 이름들이 있기 마련이다. 업무 스트레스로 기억력이 떨어졌다며 이런 상황을 모면하려 하기보다는 다음에 제시된 요령을 터득한다면 이런 난처함을 충분히 극복할 수 있다.

항상 주변에 친구들이 끊이지 않는 사람을 곁에서 지켜보면 누군가의 이름을 살갑게 불러주는 일을 하찮게 여기지 않는다는 걸 알 수 있다. 이처럼 호명 효과는 일상에서뿐만 아니라 사회생활 전체에 엄청난 나비 효과를 기대할 수 있다.

바쁘게 돌아가는 세상에서 내 이름을 잊지 않고 불러주는 이가 있다면 다시 만났을 때 재회의 기쁨을 넘어 가슴 뭉클한 일이 아닐까?

° 자꾸 부르다 보면 외워진다

최근 알게 된 사람과 빨리 친해지려면 자주 이름을 불러주는 것이 좋다. 예를 들면 대화 중에도 "○○씨는 이 문제를 어떻게 생각하세요?", 혹은 "○○씨도 이런 적이 있으셨나요?"처럼 상대의 이름을 은연중에 반복하는 것이다.

오랜만에 만난 사람의 이름이 재빨리 떠오르지 않는다고 해서 대충 얼버무린다면 예의에 어긋난다. 무안한 상황이지만 상대의 이름을 재차 확인할 필요가 있다.

그러고 나서 대화 도중에 이름을 반복해 불러보자. 상대의 이름을 이미지처럼 뇌리에 새겨두면 컴퓨터를 켤 때처럼 자동 부팅될 것이다.

° 단어를 쪼개거나 연상을 통해 익힌다

어려운 이름은 글자를 한 자씩 쪼개면 오래 기억할 수 있다. 평소 좋아하는 단어를 연상하거나 유명 인사의 이름을 떠올리는 방식도 효과적이다.

상대의 특징을 유명한 사람의 이름과 연결해두면 오랜 시간이 지나 우연히 마주쳤다 해도 곧바로 상대의 이름을 부를 수 있을 것이다.

"누군가의 이름을
나지막하게 불러준다는 것은
상대의 가슴에 가장 아름답고 상징적인
흔적을 남기는 일이라고 해도 과언이 아니다.
타인의 이름을 기억하고 호명하는 일은 사회생활에서
서로의 관계를 단단히 다지는 주춧돌이다."

2장

관계의 심리학

과 세의 말이 은 어떻게
탄생하는가

매력의 법칙
아군을 진공청소기처럼 끌어당기기

'매력의 법칙(Law of Attraction)'이란 동일한 개체끼리 서로 끌어당기는 힘을 일컫는데, 같은 주파수끼리 진동수가 늘어나는 현상이다. 겉으로 드러나는 개개인의 사상과 정서, 언어, 행동은 외부로 일종의 에너지를 전달하는데, 이로써 동류의 대상을 강력한 흡인력으로 끌어들인다.

대인관계의 폭을 넓히고 다양한 사람들과 접촉을 늘리려면 주변인의 인적 네트워크를 자신의 발판으로 삼을 필요가 있다. 다만 개개인의 자질을 계발하고 인맥을 관리하는 데 먼저 세심한 주의를 기울여야 한다.

하늘은 스스로 돕는 자를 돕는다

Q는 최근 들려온 황당한 소식에 큰 배신감을 느꼈다. 얼마 전 기숙사에서 같은 방을 쓴 대학 친구 L에게 평소 절친하게 지내던 선배를 소개해준 적이 있었는데, 선배의 추천으로 얼마 전 L이 모 기업 팀장으로 이직했다는 소문을 들은 것이다.

Q가 충격에 휩싸인 이유는 누가 봐도 선배와 친분이 두터운 사람은 L이 아니라 자신이었기 때문이다. 더구나 Q는 업무 능력이나 경력면에서 L보다 자신이 훨씬 더 우위에 있다고 자부해왔다. 그럼에도 불구하고 선배가 자신을 제쳐놓고 L에게 좋은 직장을 추천해주었다는 사실이 도무지 믿기지 않았다.

Q는 선배가 자신에게도 이러한 기회를 언젠가 주리라 믿었다. 그렇게 1년이라는 시간이 흘렀지만 바라던 '귀인'은 나타나지 않았다. Q 주위엔 출세에 별 도움이 안 되는 술친구들만 들끓었다. 그들 중에서 성공으로 향하는 사다리가 되어줄 귀인은 눈을 씻고 찾아봐도 없었다. Q는 어느 날 술기운을 빌려 이런 불만을 털어놓았다.

그는 우선 선배의 못마땅한 처사에 대해 서운함을 쏟아냈다. 그러자 한 친구가 대뜸 말했다. "너 정말 선배가 L의 손을 들어줬다고 해서 너를 배신한 거라고 생각해?" Q가 그렇다고 대답하자 친구는 딱

잘라 말했다.

"내가 아는 L은 대학 다닐 때부터 엄청난 실력파였어. 매 학기마다 장학금을 놓친 적이 없었고 방학 중에는 인턴으로 일하면서 실무 경험을 쌓았더군. 졸업 후 처음 들어간 회사에서는 밑바닥에서부터 착실한 기본기를 익혔고. 그 뿐인가, 야간에는 대학원 공부를 하면서 석사학위를 딴 성실성을 봐서라도 선배는 그의 손을 들어줄 수밖에 없었을 거야. 자네가 L에게 출세의 기회를 빼앗긴 기분은 이해하지만 현실은 인정해야 해."

미리 준비해야
기회를 잡는다

학연과 지연이 성공으로 이어지는 사다리라는 사실은 부정할 수 없다. 인맥이 실력을 넘어서는 풍조가 사회 곳곳에 공공연히 만연해 있기 때문이다. 하지만 Q처럼 닭 쫓던 개가 지붕 쳐다보는 격이 된 경우라면 매력의 법칙이 어느 정도 영향을 미쳤다고 볼 수 있다.

더구나 보편적인 기준에 충분히 부합한다고 해도 최종 낙점을 받지 못했다면 억울함을 호소하지만 말고 어떤 기준에 미치지 못했는지 생각해봐야 한다. 기회는 언제 올지 예측할 수 없고 주변의 어느 누가 당신을 이끌어줄 귀인이 될지 아무도 모르기 때문이다.

이 사회에선 무엇보다 실력이 모든 것을 대변한다. 행운이 곁에 다가왔을 때 무심코 스쳐 지나가지 않도록 강력한 흡인력을 발휘해야 한다. 세상의 존경과 부러움을 받는 인물들의 공통점이 하나 있다면 사전에 철저히 준비함으로써 스쳐 지나갈 뻔한 기회를 움켜잡았다는 것이다.

그러므로 지금껏 쌓아올린 탑이 무너졌을 때는 스스로에게 되물어야 한다. 과연 행운의 여신 앞에 부끄럽지 않도록 최선을 다했을까? 치밀하게 준비했는지는 누구보다 자기 자신이 가장 잘 알고 있을 것이다.

˚먼저 '너 자신을 알라'

자신의 가치를 높이려면 어느 방면이 부족한지 먼저 철저히 파악해야 한다. 평소에 자신을 시험대 위에 올려놓고 부족한 분야를 집중 보완하라. 기회는 완벽히 준비되어 있을 때 움켜쥐는 것이다.

˚정확히 쏘아올린 화살만이 과녁을 맞힌다

영국 속담에 "목표 지점이 없는 항해는 어느 방향으로 가든 역풍이 분다"는 말이 있다. 목표를 향해 명확한 방향성을 가지면 행동의 기준이 생긴다. 방향성이 없다면 아무리 힘껏 활시위를 당겨도 과녁을 맞힐 수 없기 때문이다.

인간은 목표가 간절할수록 투지를 불사르는 법이다. 더구나 목적의식은 보이지 않는 채찍이 되어 자칫 마음이 해이해질 때마다 우리를 전진하게 만든다.

˚당장 보이는 것이 항상 결과는 아니다

나날이 경쟁이 심해지는 사회에서 보통 사람의 성공 사례는 세상의 주목을 받기에 충분하다. 반면에 승승장구를 거듭하던 사람이 어느 날 갑자기 추락하는 사례도 적지 않다.

전자처럼 사회생활 초기에는 변변한 재주도 없고 평범해 보이던 사람이 불굴의 의지로 자신의 한계를 딛고 일어나 놀라운 성과를 내놓기도 한다. 이들은 한번 자신이 정한 목표가 있으면 어떤 경우에도 포기하지 않고 최후의 목적을 달성한다.

하지만 후자는 자신이 머리가 좋다고 믿는 탓에 명확한 목표를 설정해야 한다고 생각하지 않는다. 시간과 재능을 낭비하는 후자와 전자의 성공과 실패는 여기서 갈라진다.

철면피 법칙
웃는 얼굴에
침 못 뱉는다

심리학자들은 태어난 지 얼마 안 된 갓난아이도 자존감과 수치심을 느낀다고 한다. 이러한 감정은 후천적으로 생성되는 것이 아니라 모든 인간이 본능적으로 갖는 것이다.

갓난아기들도 부모의 얼굴 표정에서 좋고 나쁜 정서를 본능적으로 구분한다. 웃는 얼굴로 어르거나 달래주면 아기는 함박웃음으로 반응한다. 반면에 험상궂은 표정을 짓거나 언성을 높이면 아기는 금방 울상을 지으며 고개를 돌리게 된다. 자신을 대하는 상대의 정서에 따라 자존감이 반응하기 때문이다.

세상엔 빛과 어둠이라는 양면이 존재한다. 때로는 얼굴에 철가면을 뒤집어쓰고 남들 앞에서 사람 좋은 미소를 지어야 할 때가 있다. 속으로는 치사한 생각이 들어서 자리를 피하고 싶어도 이해관계가 얽혀 있다 보니 억지로 고개를 숙여야 하는 것이다. 이런 상황이 지속되면 모멸감이 드는 것은 물론이고 자존감마저 낮아질 수 있다.

하지만 이를 악물어가면서까지 두 얼굴을 연기하는 이유는 딱 하나다. 돌아오는 대가를 무시할 수 없기 때문이다. 사회생활을 하다 보면 어쩔 수 없지만 이런 이유로 자신도 모르는 사이에 얼굴이 두꺼워지는 '철면피'가 되어간다.

심리학에서는 이를 '철면피의 법칙'이라고 한다. 일반적으로 오랫동안 인격적인 존중을 받지 못하는 상황에서 스스로 자존감이 낮아지는 현상을 가리킨다. 문제는 주위의 멸시와 냉대를 당연하게 받아들이고 점차 대수롭지 않게 여기게 된다는 것이다.

그러나 철면피의 법칙을 거꾸로 이용해 사회적 성공을 거둔 인물도 있다. 또 웃는 얼굴에 침 못 뱉는 격이어서 여러 입장이 공존하는 직장 생활에서는 의외의 효과를 얻기도 한다.

저팔계가 인기투표 1위인 이유

중국의 한 토크쇼에서 인기리에 방영된 〈서유기〉의 출연자를 초대해 생방송 인기투표를 진행한 적이 있었다. 삼장법사 역을 맡았던 출연자는 "함께 불경을 구하러 떠난 동행 중에서 과연 누가 가장 많은 표를 얻었을까요?"라고 묻는 진행자의 질문에 단 1초도 망설이지 않고 '저 팔계'라고 대답했다. 잠시 후 인터넷 투표 결과가 공개되었고 그의 예상대로 저팔계가 가장 많은 표를 받아 1위를 차지했다.

이어서 진행자는 다음 질문을 던졌다. "당신은 손오공이나 사오정을 제치고 왜 저팔계를 첫손에 꼽았나요?" 그의 대답은 간단했다. "물론 저팔계는 어딜 가나 항상 말썽을 부리고 실수를 연발하지만 그와 함께 있으면 웃음이 끊이지 않아요." 이 대답에 이어진 진행자의 질문은 다음과 같았다. "요괴를 물리치는 손오공은 항상 꾸짖으면서 저팔계에게만 너그러운 이유가 있었군요. 설마 물가에 내놓은 아이를 지켜보는 심정이셨을까요?"

그는 이 질문에 한마디로 대답했다. "몽둥이는 웃는 사람을 피해 간다고 하잖아요? 사람 마음은 다 마찬가지일 겁니다. 주변 사람들을 밝게 만드는 긍정적인 성격은 윗사람의 총애를 받는 건 물론이고 누구나 좋아하지 않을 수 없지요."

위기는 웃을수록
물러간다

직장 생활을 하다 보면 당장 회사를 때려치우고 싶을 만큼 어처구니없는 일들을 겪게 된다. 문제는 화가 치민다고 해서 도끼눈을 뜨고 따지거나 악다구니를 써본들 사태가 진정되지 않는다는 사실이다.

감정적인 대응은 불난 집에 기름을 부은 것처럼 상황을 악화시킬 뿐이다. 험악한 분위기를 가라앉히고 차분하게 해결책을 찾으려면 우선 한발 물러나 마음의 여유를 가져야 한다. 저팔계처럼 매사에 낙관적인 태도로 웃음을 잃지 않는다면 사태를 수습한 후에 뜻하지 않게 후한 평가를 받기도 한다.

하지만 누가 봐도 흥분하지 않을 수 없는 일촉즉발의 상황에서 저팔계처럼 느긋한 페이스를 유지하는 일은 쉽지 않다. 위기의 순간에도 천하태평하게 여유를 가질 수 있는 성품은 아무나 타고나는 것이 아니기 때문이다.

° 강철은 담금질로 더욱 단단해진다

평소에 포커페이스라고 불리는 이들은 담대하고 강인한 성향을 보인다. 이들은 주변에서 쏟아지는 비난의 강도가 높아져도 한 귀로 듣고 한 귀로 흘려버리는 대범함이 있다. 하지만 옆에서 누가 뭐라고 하든 흔들리지 않는 소신과 원칙만 있다면 외부에서 받는 각종 스트레스로 생기는 심리적 압박감을 줄일 수 있다.

경쟁 일변도의 직장 생활에서 사소한 불평이나 비난에 일일이 반응하고 상처를 입는다면 머지않아 도태될 것이다. 위대한 성과를 이룩한 인물일수록 어떤 굴욕적인 상황이 와도 자존감을 잃지 않는다는 사실을 명심하라. 강철은 담금질로 더욱 단단해진다는 사실은 직장 생활에서 변하지 않는 진리다.

° 포커페이스만 가지고는 안 된다

미소를 머금은 듯 아닌 듯 꼭 다문 입매에 무표정한 눈빛을 보이는 사람들의 속마음은 쉽게 짐작할 수 없다. 내면의 변화를 쉽게 밖으로 드러내지 않은 채 포커페이스를 유지하는 이들은 고단수라 해도 과언이 아니다.

하지만 실제로 돌발 상황이 터졌을 때 신속한 상황 판단으로 최대한 발 빠르게 대처하는 능력을 갖추는 것이 우선이다. 위기에 대처하는 능력이 없는 사람에게는 극적인 포커페이스 효과를 기대하기 어렵다. 애써 온화한 미소를 지어봤자 어리석음을 드러낼 뿐이다.

유명인 효과
타인의 지명도도
나에게 힘이 될 수 있다

사회생활은 태어나서 처음 보는 타인과 접촉하는 상황이 대부분이다. 만약 처음 만나는 인물 앞에서 자신의 존재감이나 비중에 자신이 없다면 소극적인 태도를 취하게 된다.

이럴 경우 결국 스쳐 가는 수많은 인연들 사이에 묻히기 마련이다. 물론 난생처음 보는 사람 앞에서 자신을 표현하는 일은 여간 쑥스럽고 어색한 일이 아닐 수 없다. 초면이다 보니 서로 친밀감과 이해도가 떨어지는 것도 당연하다.

완전히 남인 타인과 처음 대면하는 자리에서 강렬한 인상을 남기려면 남다른 개성으로 다가가야 한다. 스스로 생각하기에 자신이 평범하기 그지없다면 주변 사람이라는 지푸라기라도 잡으려는 노력이 뒤따라야 한다. 이런 상황에서 '유명인 효과'를 노린다면 기대 이상의 효과를 얻을 수 있다.

동향 출신이라는 이유만으로도
주목받을 수 있다

D는 중소 도시에서 소규모 식품 업체를 운영한다. 그는 판로를 개척하고 새로운 거래처를 확보하기 위해 종종 대도시를 방문하기도 한다. 그러나 인지도가 워낙 낮은데다 자신이 취급하는 품목이 적고 상점 규모가 작다 보니 여러 모로 애로사항이 있었다. 특히 자신의 인맥이 전혀 작용하지 않는 낯선 대도시에서 새로운 계약을 체결한다는 것은 계란으로 바위를 치는 격이었다.

한편 D와 같은 업계에 종사하는 K는 이름만 대면 모르는 이가 없었다. 젊은 시절에 무일푼으로 홀로 도시로 상경해 각고의 노력 끝에 전국적인 점포망을 가진 대단한 상인이었다. 같은 업계에서 전설적인 존재인 K는 세상의 존경을 한 몸에 받고 있었던 것이다.

어느 날 D는 소매상들이 모인 회식 자리에서 대화를 나누다가 K와 자신이 같은 고향 출신임을 우연히 밝혔다. 놀라운 반전은 그 뒤에 일어났다. 다른 지역에서 온 상인 한 명이 D에게 호의를 표시해온 것이다. D는 낯선 상인과 금방 의기투합하게 되었고 서로가 취급하는 품목에 관심을 보이기 시작했다.

그 후 D는 낯선 자리에 초대받을 때면 동종 업계의 거인인 K의 이야기를 종종 들먹이며 동향 출신임을 은근슬쩍 강조했다. 하지만 효과는 늘 기대 이상이었다. 비록 초면이지만 그들의 뇌리에 D의 존재를 확실히 인식시키는 데 성공했고 낯선 도시에서 사업을 확장하는 데도 큰 도움이 되었다.

우리 주변에서 즐겨 쓰이는 유명인 효과

'유명인 효과'란 유명인의 후광 효과를 노리고 사람들의 이목을 집중시키는 것을 말한다. 영향력 있는 인물을 내세우면 사업 혹은 인간관계에서 이익을 증대하는 효과를 얻을 수 있다. 이 같은 효과는 사회 전반에서 찾아볼 수 있다.

인기 배우나 연예인의 인지도에 기대 제품을 홍보하는 것이 대표적 사례다. 공공의 목적을 내건 자선 행사나 기념식에 유명인을 초대하는 이유도 행사의 취지를 대중에 널리 알리고 일반인의 관심을 끌려는 의도라고 볼 수 있다.

우리 일상에서는 이러한 전략이 광범위하게 활용되고 있다. 인간 대뇌의 용량엔 한계가 있다. 따라서 수많은 정보 중에서 자극적인 내용을 선택적으로 저장하게 된다. 친근한 대중적 이미지를 가지고 엄청난 팬덤을 거느리는 연예인이나 사회적 명망을 가진 인물을 자신의 인맥으로 활용하면 상대에게 강렬한 인상을 남길 수밖에 없다.

°내 주변에도 유명인이 있을 수 있다

인적 네트워크를 적극 활용하라. 어릴 적 동창, 이웃집 친구, 동료, 친인척 중에서 사회적
인 성공을 거둔 인물은 없는지 두루 살펴야 한다. 막연한 자랑보다는 이를 토대로 자신의
홍보 전략을 세울 필요가 있다.

모임의 성격이나 장소에 따라 누구의 후광을 빌어 자신의 배후 세력으로 내세울 것인지,
어떻게 과시하면 최대의 효과를 누릴 수 있을지 사전에 치밀한 전략을 짜놓는 것이 좋다.

°무대가 두렵다면 다른 사람을 입에 올려도 나쁘지 않다

교류의 장에서 가장 중요한 것은 표현력이다. 특히 남들 앞에 내세울 것이 없다고 느낄수
록 의기소침하지 말고 주변인을 적극적으로 활용해야 한다.

특정 대상에게 강렬한 인상을 남기고 싶다면 유명인 효과를 노려라. 개성 넘치는 만남의
자리에서 침묵으로 일관하는 사람의 존재는 아무도 알아주지 않는다.

°관심 대상을 알아야 효과가 극대화된다

유명인 효과를 극대화할 시점을 포착하려면 관심 가는 대상의 활동 범위와 기호, 성향 등
을 사전에 알아야 한다. 대화를 이어나가는 도중에 상대가 어느 지점에서 호기심을 보이
는지 알아낸다면 효력은 절정에 달한다.

당신이 던진 화제에 상대가 관심을 보였다면 이미 당신의 존재가 그의 뇌리에 강하게 각
인되었을 확률이 높다. 대화가 고조되면서 상대를 대체로 파악했다면 점차 만나는 횟수
를 늘림으로써 목표 달성은 순풍에 돛을 달게 될 것이다.

백인백색
로마에 가면
로마법을 따르라

모임에서 첫 통성명을 하고 나면 다음 대화를 어떻게 이끌어가야 좋을지 난감해지기 마련이다. 이런 자리에서 만나는 이들은 지금까지 알고 지내온 사람들의 범주를 벗어나는 경우가 대부분이다. 하는 일도 다르고 사는 곳도 다르며 관심사도 제각각이다. 출신 지역과 성장 배경까지 전혀 생소한 사람들 사이에서는 공통의 관심사를 찾기가 쉽지 않다.

하지만 이런 저런 이유로 입을 다물어버리거나 안면이 있는 사람하고만 어울리려 한다면 모임에 참석한 의미가 없을 것이다. 따라서 개성 넘치는 사람들 사이에서 꿔다놓은 보릿자루처럼 되지 않으려면 반드시 자신만의 대인 전략을 세워야 한다.

대만의 유재석이 말하는
국민 MC의 비결

'대만의 유재석'이라는 별명이 붙은 차이캉영(蔡康永)은 인기 오락 프로그램인 〈강희래료(康熙來了)〉의 진행자를 맡으며 국민 MC의 타이틀을 얻었다. 그는 중국의 한 방송사와 진행한 인터뷰에서 대만에서 인기 있는 다른 남성 진행자를 제치고 대중의 사랑을 독차지하게 된 비결에 관해 질문을 받았다. 차이캉영은 이렇게 대답했다.

"보다시피 저는 사실 TV에 나올 만큼 뛰어난 외모가 아닙니다. 준수한 외모를 가진 다른 남성 진행자들 사이에서 돋보이려면 저만의 개성을 찾아야만 했지요. 그래서 집에 혼자 있을 때도 어떻게 하면 말을 잘할 수 있을지 연구하고 연습을 거듭했어요. 그리고 다양한 사람의 유형을 파악하려고 노력했답니다.

프로그램을 진행하다 보면 각계각층의 인물을 만나게 되는데 어떻게 하면 빠르게 소통할 수 있을까 하고 고민한 거죠. 저는 사람마다 알맞은 접근 방식과 대화 방법이 있다는 사실을 깨달았어요. 물론 이렇게 되기까지 수많은 사람을 만나 그들의 유형을 주의 깊게 관찰하는 습관을 길렀고, 새로운 모임에 나갈 때마다 낯선 사람의 성향을 파악하는 연습을 했답니다. '백인백색(百人百色)'의 방식으로 교류하다 보니 자연스레 체득되었죠.

이러한 대화의 패턴을 토대로 일대일 맞춤식 소통 전략을 세우면 처음 만난 사람도 몇 분 만에 속마음을 털어놓게 할 수 있습니다."

차이캉영이 대만 최고 인기 프로그램의 진행자가 될 수 있었던 비결을 한마디로 정리하면 '사람을 만나면 사람의 말을 하고 귀신을 만나면 귀신의 말을 하라'는 것이었다. 사회 각계각층의 유명 인사를 초대해 질문을 던짐으로써 그들의 자연스럽고 인간적인 면을 이끌어 낼 수 있었던 비결은 의외로 간단했다.

인간관계도 통역이 되나요

"사람을 만나면 사람의 말을 하고 귀신을 만나면 귀신의 말을 하라." 이 말은 청나라 말기, 관료 사회의 비리를 폭로한 《관장현형기(官場現形記)》에 나오는 한 대목을 인용한 것이다. 상황에 따라 수시로 말과 입장을 바꾸는 당시 관료들의 비열한 세태를 풍자한 것으로, 그 메시지는 오늘날까지 유효하다.

현대사회는 폭 넓은 인적 네트워크를 중시한다. 반면에 현대인은 여전히 낯선 이를 경계하고 타인으로부터 자신을 지키기 위해 '보호색'으로 무장하기도 한다. 그러므로 누군가를 처음 만났을 때 그가 사람인지 혹은 귀신인지 단숨에 구분하기란 쉽지 않다. 따라서 그들이 지닌 '백인백색'의 다양한 유형과 개성을 존중해주는 수밖에 없다.

대인관계에서 원활히 소통하려면 일단 상대의 유형을 주의 깊게 관찰하고 상대의 관심사에 초점을 맞추려는 노력이 필요하다. 경계심을 허물기 위해서는 일단 상대의 흥미를 유발해 대화의 흐름이 자연스럽게 흐를 수 있도록 해야 한다. 이렇게 형성된 공감대는 심리적 장벽을 허물고 양쪽의 정서적 거리는 한층 가까워진다.

˚ 귀신인지 사람인지 먼저 파악하자

본격적인 대화를 시작하기 전에 상대의 유형이 '귀신'인지 '사람'인지 분명히 파악하라. 서로 코드가 비슷한 '사람'이라면 두 사람의 대화는 실타래처럼 풀려나갈 것이다. 하지만 다루기 힘든 '귀신'이라면 대화의 전략을 세워야 한다.

아무 말이나 늘어놓기 전에 상대의 기호와 성향, 배경 등을 탐색한 후 행동을 개시해도 늦지 않다.

˚ 대화도 사람 봐 가면서, 상황 봐 가면서

사회생활을 하다 보면 간혹 자신의 지위와 입장을 내세워 특별한 대우를 받고 싶어 하는 사람을 만날 때가 있다. 특별 대우를 원하는 상대를 만났을 때는 절대로 격의 없는 친근 함으로 대화를 시도해서는 안 된다.

대상과 상황의 특수성을 감안하지 않고 특정한 원칙을 무조건 적용할 경우 전혀 예상치 못한 장벽에 부딪치게 될 수도 있다. 따라서 누군가를 처음 만나는 자리에서는 무엇보다 상대의 코드를 파악한 후 말과 행동의 수위를 조절하는 영리한 전략이 필요하다.

가장 쉬운 방법은 칭찬의 말을 하는 것이다. 찬사는 순식간에 심리적 장벽을 낮추는 효과 가 있다. 상대의 우월함을 자극하면 대화가 즐거워지기 마련이다.

˚ 아킬레스건이 대화의 열쇠가 될 수 있다

자신의 약점이 노출되었을 때 사람들은 고분고분한 태도를 보인다. 이 때문에 상대의 아 킬레스건을 파악하고 취약점을 노린다면 내가 원하는 방향으로 대화를 이끌 수 있다. 그 러나 이런 전략은 때때로 반감을 일으킬 수도 있으니 고도의 섬세한 전략이 필요하다.

상대의 경계심을 허무는 가장 빠른 방법은 나를 제물로 삼는 것이다. 나의 약점을 드러 내면 상대도 관대해진다. 바닥에 자신을 내려놓고 상대를 쥐락펴락하는 전략은 친근감을 강조하면서도 예의에 크게 벗어나지 않는 한 기대 이상의 효과를 얻을 수 있다.

친구의 가치
내 삶이 풍요로워지는
이유

중국 속담에 "친구가 많으면 전략도 많다"는 말이 있다. 친구는 인적 자산에 속하며 많으면 많을수록 좋다. 따라서 새로운 친구를 사귈 기회를 얻으려면 다양한 교류의 장에 적극적으로 참여할 필요가 있다. 단순히 사회적 네트워크를 확장하는 것뿐만 아니라 개인의 삶 자체도 훨씬 풍성해지는 효과가 있기 때문이다.

기차에서 미래의
귀인을 만나다

중국 저장 성(浙江省)의 파시나(法姬娜)는 현재 연 매출액이 1억 위안 (元)에 달하는 성공한 기업이다. 창립자 판까오자오(潘高釗)는 사람들이 기업의 성공 비결을 물을 때마다 친구들에게 모든 공을 돌렸다. 한마디로 친구를 잘 사귄 덕분이라는 것이다. 원저우(溫州) 출신의 판까오자오는 사업가인 어머니로부터 귀에 못이 박이도록 들은 이야기가 세 가지 있다. 첫째, 공부를 게을리 하지 말 것. 둘째, 체력을 단련할 것. 셋째, 친구를 잘 사귀어야 한다는 가르침이었다.

1986년 폐품 재활용 사업을 구상하던 판까오자오는 원저우를 떠나 란저우(蘭州)로 향하는 기차에 몸을 실었다. 당시 그의 사업 자금은 어머니가 주신 단돈 2백 위안이 고작이었다. 그럼에도 불구하고 판 회장은 1등석을 고집했다. 왜냐하면 당시에 1등석 기차를 탈 수 있었던 사람은 당 고위 간부와 개인 사업가들뿐이었기 때문이다.

판 회장은 이들과 자연스럽게 친분을 쌓기 위해 어렵사리 1등칸에 올랐다. 그리고 그날 기차에서 사귄 친구들과 지금까지도 깊은 우정을 이어올 수 있었다. 그는 자신을 더 넓은 세상으로 이끌어줄 좋은 친구를 사귀는 일에 조금도 주저함이 없었다. 이렇게 남다른 공을 들인 덕분에 사업상의 귀인을 만난 셈이니 과연 하늘은 스스로 노력하는 사람을 저버리지 않는 법이다.

물론 이런 노력이 언제나 통하는 것은 아니다. 하지만 판까오자오의 진정성은 속마음을 터놓을 수 있는 친구와 돈으로 환산할 수 없는 사업 파트너를 동시에 확보하면서 일석이조의 효과를 얻었다.

성공한 사람들은 친구도
가려서 사귄다

성공한 사람들은 친구도 자신의 단점을 보완해줄 똑똑한 사람으로 가려서 사귄다. 세상을 보는 탁월한 식견과 풍부한 삶의 경험을 가진 사람들은 주변 사람에게도 긍정적인 영향을 미치기 때문이다.

사회적인 명망을 쌓은 이들의 공통점은 무엇일까? 그들의 성공 이면에는 막강한 인맥과 다양한 인적 네트워크가 견고하게 형성되어 있다는 사실을 알 수 있다. 좋은 친구를 사귀라는 말은 장차 도움의 손길을 내밀기 위해서가 아니라 삶을 풍요롭게 만들기 위해서이다.

혹시 당신 주위에 술친구만 들끓고 있다고 생각한다면 인맥의 허와 실을 점검해보라.

° '친구의 친구'는 최고의 관계다

인적 네트워크의 연결 고리는 우리의 상상을 초월한다. 따라서 친구의 친구는 넓은 의미에서 나의 친구 범위에 속한다. 친구로부터 지인을 소개받았을 때 어색함을 없애려면 공동의 친구를 이용하면 쉽게 친분을 쌓을 수 있으며 낯선 타인과 친밀감을 형성하는 데 많은 도움이 된다.

친구의 인맥을 이용해 어떤 일을 계획하면 많은 장점이 있다. 첫째, 보통 셋이 모이면 하나는 소외감을 느끼기 마련이지만 공동의 친구가 끼어 있으면 쉽게 의기투합할 수 있다. 둘째, 둘보다는 셋이 일 처리의 효율성을 높인다. 기존의 친구와 비슷한 성향의 지인을 소개받을 경우 우정의 고리는 더욱 돈독해진다.

하지만 친구와 반대되는 성향을 가진 지인을 소개받았을 땐 반드시 첫 만남에서 상대를 면밀히 이해하는 걸 전제로 대화를 이끌어야 한다. 흔한 말이지만 "평소에 말씀 많이 전해 들었습니다", "친구의 이야기를 들을 때마다 항상 뵙고 싶었어요" 따위의 말로 호감을 표시함으로써 상대의 경계심부터 허물어야 한다.

° 공통점이 있어야 친구가 될 수 있다

친구가 되고 싶은 대상을 찾았다면 두 사람의 공통 언어를 찾아야 한다. 공통점이 없는 사람과는 친구가 되기 어렵기 때문이다. 만약 한 마디 말도 통하지 않는 상대라면 나중에 어떤 일도 함께 계획할 수 없다.

° 누구나 장점은 있기 마련이다

전혀 다른 가치관을 지닌 사람을 만났을 때 누구나 상당히 심리적 거부감을 느낀다. 반감이 생기는 게 두려워 망설인다면 새로운 친구를 사귈 기회를 스스로 놓치게 된다. 빛이 있으면 그림자도 있기 마련이다.

우정에도 양면성이 존재한다. 기호와 성향이 완벽히 일치하는 사람일수록 친구가 되기 쉽지만 자신을 복제한 로봇 같은 사람을 원해서는 안 된다. 이질감이 느껴진다고 해서 무조건 멀리한다면 매우 한정된 인적 네트워크를 형성할 수밖에 없다.

처음에는 전혀 이해하지 못해도 나와 다른 상대의 매력과 장점을 하나씩 발견하는 경우도 적지 않다. 자신과 정반대 성향의 친구를 사귄다면 다양한 가치관과 취향을 갖는 데 도움이 된다.

° 진심은 좋지만 과한 행동은 좋지 않다

차갑게 닫힌 마음의 문을 여는 방법은 매우 다양하다. 물론 처음 보자마자 자석의 극과 극이 서로를 끌어당기듯 의기투합하는 경우도 있지만 상대의 가치를 발견하고 아껴주는 마음을 주고받으면서도 우정은 서서히 꽃피운다.

사람은 누구나 타인의 사랑과 존경을 받으려는 욕망을 품고 있다. 낯선 사람 앞에서 더욱 잘 보이고 싶은 게 인지상정이다. 따라서 자신의 존재감을 더욱 강렬하게 드러내려다 과잉행동을 하기도 하는데, 이때 주의해야 할 것은 진정성의 전달이다.

우정의 다리는 가는 정과 오는 정이 적당히 오고 갈 때 단단해진다. 또 서로 존중하고 진심이 담긴 행동은 끈끈한 인적 네트워크를 형성해줄 것이다.

제 3 부

험난한 세상으로부터
나를 지킨다

환경과 건강

1장

환경의 심리학

어지러운 세상에서
어떻게 중심을
잡아야 할까

바넘 효과
암시의 함정에 빠지면

유명한 서커스 단장이었던 마술사 바넘은 이런 말을 했다. "우리 쇼가 대중에게 환영받는 이유는 모든 사람을 만족시키는 무언가가 있기 때문입니다. 1분에 한 번씩 관객의 눈을 속임으로써 그들을 즐겁게 할 수 있죠." 이 말은 심리학자 폴 밀(Paul Meehl)에 의해 '바넘 효과(Barnum Effect)'라는 심리학 용어로 명명되어 널리 통용되고 있다.

일반적으로 사람들은 암시적인 내용이 담긴 정보를 의외로 쉽게 수용하는 경향이 있는데 이로써 자아인지의 편차가 발생한다. 누구에게나 해당하는 보편적인 이야기를 마치 자신을 콕 집어서 설명한 것으로 확대 해석하는 인지 오류 현상을 말한다.

살다 보면 도저히 해답을 알 수 없는 난관에 부딪친다. 이럴 때 사람들은 지푸라기라도 잡는 심정으로 외부로 눈을 돌려 도움을 얻고자

한다. 사회에서 통용되는 정상적인 방법으로 위안을 얻지 못할 경우 종종 비이성적이고 초자연적인 힘에 의지하기도 한다. 특히 세상에 떠도는 불특정한 정보 중에서 자신과 연관된 암시를 찾으려 심리적으로 안간힘을 쓰기도 하는데, 대표적인 것이 바로 '운명학'이다.

수많은 사람이 사주와 운세를 믿는다. 어떤 점쟁이가 용하다고 소문나면 문전성시를 이루고, 점을 보고 나온 이들은 너나 할 것 없이 점쟁이가 어찌나 신통하던지 자신의 과거, 현재, 미래를 족집게처럼 집어낸다고 한다. 귀신이 따로 없다는 것이다.

그러나 점쟁이의 말은 과연 신통할까? 어떻게 처음 본 사람의 손금이나 관상 따위를 근거로 한 인간의 인생 전체를 간파할 수 있단 말인가? 그들이 입이 부르트도록 신봉하는 '신통방통한 도사'는 사실 '바넘 효과'에 지나지 않는다. 운명학을 연구하는 이들은 심리학적인 암시를 통해 심약한 이들의 허점을 겨냥했을 뿐이다. 사람들은 심리적 안정감이 바닥일 때 점집을 찾게 된다.

한 사람의 삶과 일상에 미세한 균열이 일어날 때 심약한 이들은 알쏭달쏭한 암시를 찰떡같이 믿게 된다. 사주나 운세를 봐주는 이들은 대개 인생의 경험치와 연륜이 적지 않으므로 자신을 찾아온 사람들의 심리를 너무나 잘 파악한다. 절박한 심정에 내몰린 사람들이 흘리는 각종 정보와 내면의 신호에 자신들의 화려한 언변을 더할 뿐이다. '귀에 걸면 귀걸이, 코에 걸면 코걸이'식이지만 답을 구하려는 사람들은 추호의 의심도 없이 이들의 말에 현혹된다.

모두의 이야기를 나만의 것으로
착각할 때

바넘 효과는 사주나 운세에만 적용되지 않는다. 각종 심리적 예측이나 별자리 운세, 타로 카드점 등도 여기에 해당한다. 한 심리학자가 사람들의 성격적 특징을 실험하면서 다음과 같은 내용을 여러 실험자에게 전달했다.

'당신은 타인으로부터 사랑받고 존경받기를 원한다. 당신은 자신에 관해 매우 비판적인 경향이 있다. 당신은 아직 장점으로 전환시키지 못해 발휘되지 못한 수많은 잠재력을 가지고 있다. 당신에겐 성격적인 단점이 약간 있다. 하지만 당신은 결점을 잘 극복할 수 있다. 당신은 이성을 사귈 때 다소 어려움을 겪은 적이 있다. 당신은 겉으로 보기엔 매우 절제되어 있고 자아 통제력이 뛰어나다. 하지만 내면은 격정과 근심으로 가득 차 있고 스스로 확신을 가지지 못한다. 당신은 때때로 자신이 올바르게 결단하고 행동한 것인지 스스로 의문을 가지기도 한다.

당신은 변화와 다양성을 선호하고, 제약이나 규제의 굴레에 얽매이는 상황은 싫어한다. 당신은 독립적인 사고의 소유자이며 스스로 자랑스러워한다. 당신은 충분한 근거가 뒷받침되지 않은 다른 사람들의 주장은 받아들이지 못한다. 당신은 타인 앞에서 지나치게 솔직한 것은 별로 현명한 태도가 아니라고 생각한다. 당신은 외향적이고 상냥하며 붙임성도 좋은 반면에 종종 내향적이고 경계심이 많으며 속마음을 드러내지 않을 때도 있다. 당신은 비현실적인 열망을 품고 있다.'

이 내용을 접한 실험자들의 반응은 놀라웠다. 너나 할 것 없이 속마음을 들킨 듯 자신의 특징을 아주 정확하게 묘사했다면서 감탄했다. 그러나 더욱 놀라운 것은 모든 실험자에게 똑같은 내용을 전달했다는 사실이다.

객관적인 사고로
향하는 첫걸음

이 실험의 결과는 무엇을 의미하는 걸까? 이 내용은 결코 특정한 한 개인에게만 적용되는 것이 아니었다. 심리학자는 단지 사람들의 일반적이고 통계적인 성격적 특징을 나열했을 뿐이다. 누구라도 이 중에서 하나 혹은 그 이상에 해당될 수밖에 없었다.

우리 일상에서 바넘 효과의 사례는 너무나 많다. 따라서 평소에도 올바른 자아 인식을 전제로 객관적인 사고를 훈련할 필요가 있다.

°해는 가린다고 해서 가려지지 않는 법

어떤 사람들은 자아를 부정하거나 회피하는 습성이 있다. 특히 결점이 있으면 무슨 수를 써서라도 숨기려 든다. 사람은 누구나 결점이 있고, 심지어 이 결점이 다른 장점을 모두 가리기도 한다. 그래서 모든 에너지를 결점을 없애는 데 쏟아붓는다. 하지만 죽는 날까지 아무리 기를 써도 태생적인 결점은 쉽게 사라지지 않는다.

현명한 사람들은 결점 역시 자신의 일부로 인정하고 거부감 없이 받아들인다. 태양을 손 바닥으로 가릴 수 없듯이 결점 하나에 인생을 걸 필요가 없기 때문이다.

°판단보다 정보 수집이 먼저다

판단의 정확성을 좌우하는 전제 조건은 정보 수집이다. 태어날 때부터 판단력이 뛰어난 사람은 없다. 판단력의 대부분은 후천적으로 길러지는 능력이다.

정보 수집은 어떤 일을 사려 깊게 판단하려 할 때 결정적인 요소가 된다. 과학적이고 정 확한 정보를 토대로 하지 않는다면 이성적인 판단이라 보기 어렵다.

°나와 비교할 대상을 선택할 때는 신중히

사람들은 대개 주변에 있는 인물을 비교 대상으로 삼는다. 하지만 자신과 비교하는 대상 을 선택할 땐 신중해야 한다. 비교 대상이 월등히 뛰어나거나 자신과 상반된 성향이라면 엉뚱한 결과를 가져올 수 있다. 타인의 장점을 자신의 결점과 비교하려 들 경우 인지의 편차는 극심해진다. 심지어 자신의 진실한 모습마저 외면하고 부정하는 안타까운 결과를 낳는다.

비교 대상을 선택할 때는 자신의 실제 모습과 가장 가까운 대상을 근거로 현재의 포지션 을 설정해야만 오차 범위를 줄일 수 있다.

˚인간은 고비를 넘길 때마다 성숙해진다

파란만장한 인생을 살아온 사람들의 공통점은 고비마다 자신의 진실한 일면과 마주한다는 것이다. 실패의 순간이 찾아왔을 때 너무 상심할 필요 없다. 오히려 성공의 기쁨에 도취되지 않도록 주의하는 편이 낫다.

인생은 실패와 성공의 매 고비가 가져다준 경험과 교훈의 종합 선물 세트다. 한 고비를 넘길 때마다 경험이 쌓이면서 개성과 잠재력을 발휘할 기회를 얻게 된다.

마시멜로 효과
당신은 샴페인을 너무 일찍 터트린 게 아닐까

유치원 교사가 아이들에게 마시멜로를 하나씩 나눠주면서 이렇게 말했다. "지금 마시멜로가 먹고 싶다면 먹어도 좋아. 하지만 선생님이 돌아올 때까지 기다리면 마시멜로를 하나 더 줄게." 교사는 이 말을 마친 후에 교실 밖으로 나갔다.

교사는 아이들 몰래 교실 안을 관찰했다. 어떤 아이는 마시멜로를 허겁지겁 삼켰고, 어떤 아이는 입속에 고인 침을 참아가며 교사가 돌아오기를 기다렸다. 훗날 이 아이들을 추적 조사한 결과는 놀라웠다.

마시멜로를 받자마자 곧바로 먹었던 아이들은 성인이 된 후에 질투와 신경쇠약, 방임, 분노 등의 감정을 대부분 조절하지 못했다. 특히 시련이 닥쳤을 때 쉽게 포기하는 성향을 보였다. 반면에 마시멜로를 하나 더 받은 아이들은 자신감, 즐거움, 의지력 등에서 매우 높은 심리지수를 기록했으며 성인이 된 후에는 이미 안정된 가정생활과 사회적인 성공을 누리고 있음이 밝혀졌다.

자아 통제의 힘

순간의 유혹을 절제하는 능력은 한 사람의 인생에 어떤 영향을 미칠까? 심리학에서는 즉각적인 만족감을 절제하고 통제하는 현상을 일컬어 '마시멜로 효과'라고 한다. 마시멜로 실험의 결과는 자아 통제력의 중요성을 암시한다.

자아를 통제하는 능력은 외부로부터 어떤 간섭과 감시도 없는 상황에서 자신의 욕구와 행동을 적절하게 조절하는 힘이다. 목표 하나를 세우고 나면 달콤한 유혹을 뿌리치고 충동을 억누르면서 자신의 일시적인 만족을 절제하는 의지는 사회적인 성취를 이룬 이들에게서 공통적으로 드러나는 특징이다.

자아 통제력이 없다면 우리는 한 방향을 올곧게 추구하기 어렵다. 왜냐하면 목표를 향해 나아가는 과정에는 숱한 유혹의 손길이 있기 때문이다. 한순간 자아 통제력을 상실하면 목표 지점에 도달하기도 전에 중도 하차할 우려가 있다. 실제로 대다수의 평범한 사람들은 삶의 매 고비에 도사린 유혹의 손길에 곧잘 넘어간다. 따라서 통제력을 잃고 감정의 포로가 되어버리는 것이다. 충동적이고 즉흥적으로 원칙에서 벗어나거나 넘지 말아야 하는 선을 넘고 나서 금방 참회의 눈물을 흘린다.

'이성'과 '절제'라는 양 고삐를 단단히 움켜쥐지 않으면 인생이 전복되는 것은 한순간임을 명심하라.

°태만은 경계 대상 1호

자아 통제력을 높이려면 스스로 태만해지는 것을 경계하라. 현실에 안주하고 긴장을 늦추는 정신적 해이에서 벗어나야 한다. 목표를 정했으면 고지를 향해 분투하는 자신을 격려하고 시시때때로 열정에 불을 지펴야 한다. 그러지 않으면 과정상 반드시 겪어야 하는 일시적인 고통 앞에 무너지게 된다.

°자아 통제는 사소한 일부터

자아 통제력은 소소한 일상 전반에 고르게 적용해야 한다. 하찮게 생각되는 사소한 일일수록 더욱 엄격히 통제해야 한다. 예를 들어 매일 아침 정해진 시간에 일찍 일어나는 일은 얼핏 평범해 보이지만 의지를 단련하는 최고의 훈련이다.

중국 근대사의 걸출한 위인인 증국번(曾國藩)은 놀라운 통제력을 과시한 인물이다. 그에 따르면 근면성을 기르는 가장 고귀한 습관 중에 하나는 아침에 일찍 일어나는 것이고, 둘째는 이 습관을 오래 유지하는 것이다. 증국번은 이른 아침에 일어나 심신을 수련하는 걸 집안의 가훈으로 삼아 이를 '팔본지일(八本之一)'의 하나로 정했다.

그가 동생들에게 보낸 편지 중엔 이런 구절이 있다. "아침에 일찍 일어나지 못하는 게으름을 가장 경계해라. 나한테서 게으른 구석을 발견했을 땐 바로 편지를 보내 일깨워주길 바란다." 동생들 앞에서조차 자신의 태만을 경계했을 만큼 매사에 철두철미한 그였기에 천하의 증국번이 존재할 수 있었다.

°샴페인을 터트릴 자격은 기다린 사람에게 주어진다

자제력이 무너지는 건 한순간이다. 순간적인 충동은 공든 탑이 하루아침에 무너지듯이 자아 통제력을 와해시킬 수 있다. 예로부터 "한 삼태기의 흙이 모자라 아홉 길의 산을 쌓지 못한다"는 말이 있지 않은가.

어제까지 아무리 잘했어도 한순간 자제력이 흐려진다면 자아를 완벽히 통제한다고 볼 수 없다. 골인 지점까지 자신을 독려해 이끌어가는 힘을 지닌 사람에게만 최후에 샴페인을 터트릴 자격이 주어진다.

송충이 효과
꽁무니만 따라가면
먹이를 보지 못한다

송충이를 이용한 재미있는 실험이 있다. 송충이 여러 마리를 화분에 올려놓고 같은 방향을 바라보게 하면 어떤 일이 벌어질까? 송충이들은 화분의 가장자리를 빙빙 맴돌며 서로의 꽁무니 뒤를 따른다. 첫 번째 송충이가 기어가는 방향을 두 번째 송충이가 그대로 따라가는 것이다.

이런 식으로 송충이의 행진은 밤새도록 이어진다. 그러다 먹이를 구하지 못한 송충이들은 하나둘 지쳐갔다. 실험자는 화분 한가운데에 먹이를 두었지만 이들은 앞서간 송충이의 뒤를 따르느라 먹이를 발견하지 못한다. 만약 송충이들이 각자의 방향을 고수했다면 굶어죽지는 않았을 것이다. 이처럼 맹목적으로 다른 사람을 추종하면 기대 이하의 성과에 만족할 수밖에 없는 상황을 경계하며 이를 '송충이 효과'라고 부른다.

이 심리학 용어는 "전거복철 후차지계(前車覆轍 後車之戒)"라는 고사를 떠올리게 한다. '앞에 가던 수레가 엎어진 바퀴자국은 뒤에 가는 수레가 경계하게 된다'는 뜻으로 '전철(前轍)'로 줄여 쓰는데, 앞 사람의 실패를 교훈 삼아 같은 실수를 저질러서는 안 된다는 말이다. 주변을 돌아보면 일상에서 이 엄중한 경고가 필요한 상황을 쉽게 찾아볼 수 있다.

사람들은 시행착오를 줄이고 시간을 절약한다는 명분 아래 이미 다른 사람이 했던 방식을 맹목적으로 따르게 된다. 물론 예상되는 리스크를 피할 수 있기는 하지만 종종 또 다른 폐단을 부른다. 남들이 이루어놓은 성과물을 고스란히 가져와 지표로 삼는다면 주체적인 사고를 할 수 없기 때문이다.

타인이 쌓은 경험치를 자양분 삼아 문제를 해결하려는 태도는 효율성만을 강조하는 것이다. 현실에 대한 고민 없이 무조건적으로 적용할 경우 부작용도 만만치 않다. 자칫 잘못하다가는 앞서 언급한 송충이 실험처럼 중요한 것을 놓치면서 남의 꽁무니만 좇는 어리석은 행진이 될 수도 있다.

청나라 최고의 화가를 만든 비결

중국의 정판교(鄭板橋)는 청나라 중기 양저우(揚州)에서 활약한 개성파 화가로, '양주팔괴(揚州八怪)'라고 불렸다. 어릴 적부터 워낙 배우기를 좋아한 그는 유명한 고대 서화가의 필체를 밤낮없이 연습해 진본을 똑같이 흉내 내기에 이르렀다.

하지만 아무도 그의 글씨와 그림에 관심을 갖지 않았다. 정판교는 고대 서화가들의 경지를 따라잡기엔 자신의 실력이 여전히 부족하다는 생각에 더욱 연습에 정진했다. 어느 날 바람도 쏘일 겸 아내와 근교로 산책을 나간 정판교는 앉은 자리에서 무심코 서화 연습을 하기 시작했다.

넋을 놓고 연습에 골몰하던 그의 손끝이 어느새 아내의 다리에까지 이르자 아내는 버럭 화를 내며 이렇게 말했다. "당신은 당신 다리가 있고 나는 내 다리가 있는데 왜 당신 다리는 놔두고 남의 다리에 글씨를 쓴다고 법석입니까?"

정판교는 쏘아붙이듯 내지르는 아내의 말을 듣자마자 머리를 한 대 맞은 기분이 들었다. '사람마다 몸이 제각각이듯 글씨와 그림도 독특한 개성과 분위기가 있거늘 어찌하여 지금까지 다른 사람의 서체를 흉내 내려고 그토록 애를 썼단 말인가? 설사 내가 그들의 서체를 똑같이 구현했다고 해도 그것은 남들이 이미 이루어놓은 결과물일 뿐, 나만의 풍격을 담은 건 아니지. 그러니 새로운 경지를 창조할 수 없는 것은 당연하지 않은가.'

그날 이후 정판교는 기성 서화가들의 장점에 자신만의 장점을 취해 서로 다른 서체를 하나로 접목하는 서화를 완성시켰다. 그렇게 해서 마침내 자신만의 독특한 풍격을 구현해냈다. 귀족에서 서민까지 누구나 감흥을 느낄 수 있는 정판교의 시와 서화는 시·서·화가 모두 뛰어나다는 의미로 청대의 '삼절(三絶)'이라 불리게 되었다.

나를 지키고 새로운 세계와 만나는 길

타인의 방식을 맹목적으로 답습하다 보면 자신의 정체성을 잃어버리게 된다. 만약 앞서 간 차의 바퀴 자국에만 시선을 고정한다면 주변의 다채로운 풍경을 감상할 기회를 놓치게 될 것이다.

누군가의 생각을 답습하면 자신만의 개성을 던져놓고 남들이 정해놓은 매뉴얼만 따르기 때문에 새로운 세계관을 확립할 수 없게 된다. 일률적인 궤도에서 벗어나 사물의 본질을 자신의 눈으로 직접 보려면 반드시 이성적인 시각을 갖춰야 한다.

° 남에게는 약도 내게는 독이 될 수 있다

사람들의 개성은 천차만별이다. 저마다 타고난 성격, 기호, 환경이 제각각이기에 설령 다수가 추천하는 것이라도 정작 나에게는 맞지 않을 수 있다.

그럼에도 불구하고 유행 혹은 대세라는 이유로 남들이 우르르 몰려가는 대로 따라간다면 엉뚱한 위험지대로 자신을 몰고 갈 수도 있다.

° 우물 안 개구리가 되지 않도록

평화로운 생활이 이어지면 사람들은 타성에 젖어 현실에 안주하게 된다. 열정은 식고 한계를 뛰어넘으려는 도전의식도 사라진다. 과거의 관성에 익숙해져 어제를 되풀이할 뿐 바깥세상이 급속도로 변하고 있다는 사실을 전혀 인식하지 못한다.

낡은 사상과 지식을 답습하면 현상 유지는 가능할지 몰라도 시대의 흐름에서 점점 밀려날 수 밖에 없다. 물의 온도를 서서히 올리면 자신의 몸이 익어간다는 사실조차 자각하지 못하는 수조 안의 개구리처럼 주변에 무딘 반응을 보이게 된다.

미래에 닥칠 위기에 전혀 대비하지 않고 있다가 발등에 불이 떨어지고 나면 탈출구는 어디에도 없다. 이러한 전철을 밟지 않으려면 늘 냉철한 이성으로 깨어 있어야 한다. 시대의 조류 앞에서 잠자는 이는 도태될 수밖에 없다.

° 한탄하기 전에 방향부터 돌아보자

송충이들은 화분 안을 빙빙 돌았지만, 남의 꽁무니만 좇았기 때문에 모두 굶어죽을 수밖에 없었다. 우리 주변에도 한평생 죽도록 열심히 일했지만 결국엔 헛된 인생을 살았다며 한탄하는 이들을 본다.

노력에 대한 대가로 성공의 결실을 돌려받지 못했다고 불만을 쏟아내기 전에 우선 자신의 방향을 제대로 정했는지 점검해보라. 이런 불평은 결국 제 얼굴에 침을 뱉는 격이다. 이럴 경우 남들이 뛰니까 같이 뛰었을 뿐 자신이 어느 방향으로 뛰어야 하는지 모르는 것과 같다. 앞을 향해 달려가봤자 다른 사람의 꽁무니를 좇는 데 그친다. 항상 깨어있는 의식으로 자신의 방향성을 인식하라. 그렇지 않다면 평생을 헛수고로 낭비할 뿐이다.

암흑 효과
사이버 연애의
빛과 그림자

통신망의 눈부신 발달은 현대사회의 특징이다. 인터넷은 지구촌 곳곳을 같은 시간대로 이어줌으로써 우리 삶에서 매우 커다란 비중을 차지한다. 사람들은 온라인에서 지적 자원을 공유하게 되었으며 업무에서는 물론, 일상에서도 놀라운 편리함을 누리고 있다. 또 과거엔 전혀 상상할 수 없었던 SNS를 통해 수많은 교류의 기회를 갖게 되었다. 이러한 온라인 플랫폼은 오프라인의 현실적 만남으로 이어지면서 새로운 사회현상으로 등장했다. '사이버 연애'는 이러한 새로운 연애 형태를 일컫는 대표적인 용어다.

사람들은 인터넷 접속을 통해 맺어진 온라인 커플의 진정성에 회의적인 시선을 보내며 신뢰할 수 없다고 말한다. 왜냐하면 우리가 온라인에서 접하는 정보는 매우 제한적이기 때문이다. 상대의 성별이 남

성인지 여성인지도 확실하지 않을 뿐더러 나이와 출신배경 따위도 알 수 없다. 인터넷에 떠도는 정보의 출처는 물론이고 제공되는 이야기가 '팩트'인지, '개인적 견해'인지도 확인할 도리가 없다. 이런 마당에 인터넷으로 연인이 된다면 더더욱 상대의 진짜 얼굴을 가려내기 어렵다.

그러나 이런 사람들은 비단 인터넷에서뿐만 아니라 현실에도 존재한다. 다만 온라인은 특성상 인터넷의 익명 효과를 누리려는 사람들에게 더욱 적합한 환경을 제공한다. 온갖 종류의 사기 행각과 절도, 속임수 따위가 인터넷에서 성행하는 원인이다. 이로 인해 사이버 연애에 의혹의 시선이 집중된다. 온라인을 기반으로 형성되는 모든 인적 네트워크가 허구라고 말하기엔 무리가 있지만 이런 풍조와 관련해 우려가 높아지는 것은 어쩔 도리가 없다.

실제로 심리학에서는 이런 사회 현상을 '암흑의 효과'로 본다. 일반적으로 어두운 장소에서 낯선 사람을 만나게 되면 상대의 표정을 제대로 알아볼 수 없기 때문에 사람들의 심리적인 경계심이 줄어든다. 어두울수록 사람들은 안전하다고 느끼며 어두운 장소에서 만난 사람에게 친근감을 느낄 확률은 조명이 밝은 장소에서 만났을 때보다 훨씬 높다는 실험 결과가 있다.

인터넷은 이러한 암흑 효과가 나타나는 최적의 플랫폼인 셈이다. 상대의 표정을 읽을 수 없는 온라인에서는 현실 속 만남이 갖는 특성과는 달리 오로지 문자로만 소통하는 특별한 교류 방식을 따른다. 이러한 방식은 많은 사람에게 상대적으로 안정감을 주기 때문에 낯선 사람 앞에서 자신의 진실한 일면을 드러내는 일이 의외로 쉽게 느껴진다.

인터넷 채팅으로 맺어진 소중한 인연

J는 인터넷 채팅을 통해 K를 알게 되었다. 온라인 특성상 아무런 부담 없이 서로에 관해 허심탄회한 대화를 나누던 중 K가 얼마 전에 여자 친구와 결별한 사실을 알게 되었다. K는 이별의 상처를 달래기 위해 J에게 전 여자 친구와 나눈 일상의 소소한 추억을 털어놓았고 J는 온라인을 통해서만 K를 묵묵히 지켜보며 그가 실연의 고통에서 빠져나올 때까지 따스한 위로의 말을 건네주었다.

사랑으로 인한 상처는 또 다른 사랑으로 치유되기 마련이다. K는 어느덧 예전의 밝은 모습을 되찾게 되었고 두 사람은 아무런 말을 하지 않아도 서로의 생각과 기분을 알아차릴 수 있을 만큼 가까워졌다. 두 사람은 하루도 빠짐없이 서로의 사소한 일상을 공유하고 어떤 이야기도 서슴없이 털어놓는 사이가 되었다. 어느덧 두 사람은 점차 서로를 세상에서 자신을 가장 잘 이해해주는 존재로 여기게 되었고 누가 먼저랄 것도 없이 사이버 연애를 시작했다.

얼마 후 두 사람은 온라인이 아닌 현실에서 첫 만남을 가졌다. 이미 상대와 너무나 많은 것을 공유하고 친숙한 감정을 느꼈기 때문에 두 사람은 만나자마자 전생의 연인을 만난 듯 거리낄 게 없었다. 두 사람은 마침내 사랑의 결실을 맺었고 사람들의 부러운 시선을 받으며 화목한 가정을 꾸렸다.

진실하되 경계심을 늦춰선 안 되는 양면적 공간

J와 K는 사실상 행운아였다. 온라인에서 맺어진 인연은 오프라인에서도 빛을 발했고 결혼이라는 해피엔딩으로 매듭지을 수 있었다. 비록 인터넷이 허구와 가상의 세계라고 하지만 현실에서는 누릴 수 없는 장점이 분명 존재한다. 극심한 경쟁구도의 틀 속에서 현대인이 느끼는 스트레스의 강도는 갈수록 거세지고 있다. 개개인이 수행해야 하는 책임과 역할 또한 더더욱 무거워지는 추세다.

현실이 이렇다 보니 때로는 진심을 숨긴 채 위선과 가식의 가면을 쓰고 마음에도 없는 말로 타인은 물론 자기 자신을 속일 수밖에 없다. 심신이 극도로 피폐해진 사람들은 공허한 마음을 안고 환상의 공간인 인터넷에 빠져든다. 현실 세계의 두꺼운 가면을 모두 벗어던지고 자신의 진실한 내면으로 돌아가고 싶은 욕망 때문이다. 또한 문자로 나누는 솔직담백한 대화는 마음의 거리를 순식간에 좁혀준다.

때때로 사람들은 온라인에서 현실의 장벽을 부수고 자신의 한층 진솔한 모습을 내보인다. 이야말로 인터넷상의 연애가 현실의 연애보다 훨씬 더 솔직해지는 결정적인 원인이다. 온라인에서 사람들은 마치 벌거벗은 아이처럼 자신의 모든 가면을 벗어던지고 가슴과 가슴으로 교류하려고 한다. 당신이 만약 사이버 연애를 꿈꾼다면 현실에서의 모습을 감추려 해서는 안 된다. 거짓 위에 쌓은 모래성은 반드시 무너질 수밖에 없기 때문이다.

끝으로 한 가지 분명한 사실은 모든 사이버 연애는 반드시 현실로 회귀하려는 본능이 있다. 온라인은 단지 인적 교류의 플랫폼일 뿐이며 온라인 가상 세계에서 인연을 맺은 상대와 평생을 약속하는 사례는 매우 드물다.

따라서 온라인에서 교류할 때는 항상 경계심을 늦춰선 안 된다. 인터넷은 현실의 장이 아니기 때문이다. 불특정 다수 누구에게나 개방된 공간이므로 각종 물고기가 한데 뒤섞인 개천처럼 별의별 인간이 존재한다. 인터넷의 특성을 교묘히 이용한 사기와 악행이 끊임없이 이어져 사회의 물의를 일으키는 공간이다.

그러나 호랑이굴에 잡혀갔더라도 정신만 차리면 살아날 방도가 있다. 인터넷 세계는 비록 남을 해치려는 의도가 다분한 공간이지만 스스로 경계하고 대비하는 마음이 있다면 범죄의 표적이 되는 일은 막을 수 있기 때문이다.

　사이버 연애에 빠져 패가망신하는 이들을 무조건 비난할 수는 없다. 그러나 어둠 속에서는 악한 존재들이 판치는 법이니 암흑이 사라지고 광명이 찾아올 때까지 침착하게 기다려야 한다. 어두운 곳에서는 사물의 윤곽이 흐릿하기 때문에 상대의 정체가 늑대인지 개인지 분간할 수 없다. 일시적 감정에 휘말려 뼈아픈 대가를 치르지 않으려면 충동적인 일탈은 잠시 유보하는 것이 좋다.

2장

건강의 심리학

영혼이 울리는 경고음에
귀를 기울여라

심리 건강
지친 영혼을 달래줄
힐링 요법의 중요성

현대인은 과거의 어느 시대보다 복잡한 환경 속에서 살아간다. 세상은 상상할 수도 없는 빠른 속도로 변화하고 생활의 리듬이 빨라질수록 단축된 시간은 돈으로 환산된다. 그럴수록 사람들은 물질의 노예로 전락한다. 다양한 직업, 수입, 거주지, 배경의 격차는 사람과 사람 사이에 깊은 골을 남긴다. 인간의 활동 범위는 지구촌 끝까지 확대됐지만 그럴수록 인간관계의 폭은 좁아진다.

현기증이 날 만큼 빠른 전환이 이루어지는 사회에서 인간의 영혼은 나날이 피폐해지고 있다. 마음의 기반이 되는 건강하고 안정된 정서를 갖지 못하면 누구라도 궤도에서 이탈할 확률이 높다.

그렇다면 어떤 심리적 기조를 가져야 건강한 마음을 유지할 수 있을까? 건강한 마음은 육체에 활기를 더해준다. 조화롭고 안정된 정서는 지적 능력에도 영향을 미쳐 변화무쌍한 외부 환경에 더욱 잘 적응하도록 이끌어준다. 사회인으로서 갖춰야 하는 최소한의 생존력을 보장할 뿐만 아니라, 일상의 소소한 행복을 누리거나 본래의 능력을 충분히 발휘하는 지렛대가 되기도 한다.

하지만 주변을 돌아보면 심리적으로 불안한 사람들을 종종 마주친다. 어떤 사람은 하루 종일 울상을 짓고 스스로를 달달 볶는다. 보이지 않는 바위로 마음을 짓누르는 셈이다. 어떤 사람은 모든 일에 의심의 눈초리를 보내면서 아무도 믿지 못한다. 또 극심한 자기 비하에 시달리며 모든 일에 무기력으로 일관하는 사람도 있다. 극단적으로는 자해나 자살을 시도하는 비극으로 발전하기도 한다. 이런 심리적 분열 증세는 어느덧 보편적인 사회현상이 되어 평범한 이들의 삶에도 파고들었다.

돈과 행복은 비례하지 않는다

W는 사업적으로 엄청난 성공을 거두었다. 그러나 엄청난 매출 증가에도 불구하고 정작 W는 행복을 전혀 실감하지 못하고 있는 듯했다. 오히려 예전의 가난했던 시절보다 나을 게 없다고 여겼다. 물론 지금은 누가 봐도 번듯한 사업체를 운영하면서 고급차를 타고 호화로운 주택

에서 살고 있으면서도 어쩐 일인지 하루도 마음 편할 날이 없었다.

회사에 출근하면 그날 자신이 처리할 업무가 쌓여 있었고 거래처에 잘 보이기 위해 때론 마음에도 없는 말로 억지 미소를 지어야 했다. 손해 보지 않으려고 서로 속고 속이는 치열한 경쟁의 틈바구니 속에서 W는 신물이 날 것 같았다. 그러나 아들의 사교육비를 부담하고 노모를 봉양하려면 아직은 일선에서 물러날 수 없었다.

언제부턴가 W는 자신이 갈수록 괴팍해지고 있음을 깨달았다. 작은 일에도 화를 참지 못하고 버럭 소리를 지르는 날이 늘어나자 직원들은 W만 보면 슬슬 피해 다녔다. 직원들이 과연 이런 자신을 존경할지에 대해서는 확신이 없었지만 한 가지 분명한 것은 자신을 무서워한다는 사실이었다. 직원들은 사무실에 그가 나타나면 혹시 그를 자극할까 봐 찍 소리도 내지 않았다.

냉담한 반응을 보이는 건 가족들도 마찬가지였다. 아들은 그를 호랑이 보듯이 경계했고 늘 기가 죽어 있었다. 비록 돈이 궁하긴 했지만 온 가족이 화기애애하게 지냈던 옛날을 떠올려보면 W는 자신이 왜 이렇게 괴물로 변해가는지 알 수 없었다. 설마 돈이 불러온 재앙이란 말인가?

마음의 병은 모르는 사이에
생긴다

성공 뒤에 찾아오는 공허함은 자신의 내면에서 문제의 원인을 찾아야 한다. W는 영혼의 허기를 달래는 일에 소홀한 채 오로지 성공을 목표로 달려왔다. 따라서 일상의 스트레스로부터 도피처를 찾지 못했고 결국 억눌린 감정이 폭발하게 된 것이다. 영혼의 허기에서 벗어나기 위해서는 팽팽한 심리적 긴장감을 조절하는 일이 급선무다.

사실 많은 사람이 다양한 원인 때문에 마음의 병을 앓게 된다. 그러나 W처럼 바쁜 일상에 쫓기다 보면 자신도 의식하지 못하는 사이에 감당할 만한 수위를 넘기게 된다. 돌이킬 수 없는 지경에 이르기 전에 영혼의 건강을 유지하는 방법을 터득할 필요가 있다.

° 영혼의 창고는 이해득실이 아닌 행복으로 채워진다

매사 편협한 태도로 일관하고 자기중심적인 사람들은 종종 이해득실을 앞에 놓고 망설인다. 하지만 그 사이에 행복은 저 멀리 달아날 뿐이다. 대인관계와 사회생활에서 가장 우선해야 할 것은 관대한 마음과 우호적인 자세다.

일상에서 나만 손해 보지 않겠다고 아등바등하는 사람들은 어느 날 영혼의 창고가 텅 비었음을 발견하게 된다.

° 좌절은 인생에 지불하는 수업료

종교인들은 인생 자체가 고행의 연속이라고 한다. 순풍에 돛 단 듯이 잔잔한 바다 위를 유유자적하게 떠다닐 수만은 없다. 따라서 인생의 역경에 직면하거나 현재 자신이 처한 환경이 불만족스러울 때 현실에 좀 더 건강하고 성숙한 방식으로 대응할 필요가 있다.

설령 승진과 연애에 번번이 실패한다고 해도 감정적으로 대응하는 대신 인생의 수업료를 지불했다고 여기는 사람의 인생은 이전보다 훨씬 더 성숙해질 수 있다.

° 편안한 마음은 행복과 성공의 보약

온몸으로 일상을 누리고 싶은가? 낙관적이고 적극적인 삶의 태도를 견지하고 작은 충격에 흔들리지 않으려면 평소에 감정을 통제하는 법을 배워야 한다. 무엇보다 골칫거리를 쌓아두지 않는 습관을 길러야 한다.

타인의 충고를 귀담아 듣고 마음의 병이 깊어지기 전에 주변에 솔직히 털어놓는 것도 스트레스에서 벗어나는 비법이다. 정서적인 위로의 힘은 매우 크다. 자신감으로 충만하고 절제력이 뛰어난 사람들이 느끼는 인생의 행복은 그렇지 않은 사람들보다 몇 배나 크고 성공할 확률도 훨씬 높다.

° 대인관계가 건강하면 몸도 건강하다

심리적 건강 지수를 높이고 싶다면 주변 사람들과 모나지 않게 지내는 것이 좋다. 원만한 대인관계를 유지하려면 선의를 바탕으로 사람들과 서로 이해하며 어울리고, 협조하며 화합하는 관계를 이룬다면 개인의 심리적 건강 지수는 당연히 올라갈 수밖에 없다.

수면과 마음의 상관성
밤새 안녕히
주무셨어요

인간은 인생의 삼분의 일을 잠자는 시간으로 보낸다. 이로써 수면과 건강의 상관관계를 익히 짐작할 수 있다. 현대인의 의무와 책임이 늘어날수록 고민과 걱정도 덩달아 심해지기 마련이다. 이렇듯 일상의 사소한 문제와 치열한 경쟁의 틈바구니에서 이리저리 치이다 보면 자연히 수면의 질이 낮아진다.

이러한 현상은 어느 한두 사람만의 문제가 아닐 뿐만 아니라 인간의 삶 전체에 악영향을 미친다. 업무와 일상이 정상 궤도에 오르지 못하면 새로운 스트레스가 쌓이고, 이러한 스트레스는 또 다시 수면의 질을 떨어뜨리는 악순환이 시작된다.

어느 영업부 팀장의
잠 못 이루는 사연

S는 얼마 전 영업부의 팀장으로 승진했다. 팀장이라는 막중한 직책을 얻자 그는 남다른 포부가 생겼다. 다름이 아니라 사내 영업왕이라는 타이틀에 도전하고픈 욕심이 생긴 것이다.

하지만 오래지 않아 S는 자신이 역부족임을 느껴야 했다. 아침부터 밤까지 두 팔을 걷어붙이고 일해도 영업 회의 진행과 회계 결산, 업무 기획안 짜기, 영업부 직원의 사기 진작 등등 팀장으로서 감당해야 할 일이 한두 가지가 아니었다. 게다가 가정으로 돌아가면 본연의 역할에도 충실해야 했다. 연로하신 부모를 모시는 일과 사위 노릇, 남편과 아버지로서의 책임감이 시시때때로 그를 압박해왔다.

매일 아침 눈뜨는 일이 지겹다는 생각이 들 즈음 S는 마치 사방이 벽으로 둘러싸인 것처럼 숨이 막혔다. 자신도 모르게 한숨을 내쉬는 날이 늘어갔다. "하루가 48시간이라고 해도 모자랄 지경이군!" S는 이렇게 투덜거리며 하루 7시간 수면은 자신에게 사치라는 생각이 들었다. 하지만 아무리 잠자는 시간을 줄여도 일손이 부족했다.

그는 서서히 주의력이 떨어지고 정신이 산만해지면서 초심을 잃어갔다. 피곤이 가중되자 그 역시 수면의 질을 개선할 필요성을 느꼈다. 하지만 부족한 업무 시간은 수면 시간에서 보충하지 않으면 안 되었다. 연말이 되어서야 업무를 결산하고 간신히 휴가를 얻었지만 자신이 심각한 스트레스성 불면증에 걸렸음을 너무나 뒤늦게 깨달았다.

잠을 줄이면 잃는 게 더 많다

사람은 누구나 크고 작은 이상과 목표를 가지고 있다. 그러나 이를 실현하는 원동력은 치밀한 계획표나 뛰어난 업무 능력이 아니라 체력에 달려 있다.

　수면의 질은 건강의 밑바탕이 된다. S처럼 능력 지상주의자거나 이상을 실현하는 데 목숨을 건 사람들 중에는 종종 수면이 건강을 좌우한다는 사실을 간과할 뿐 아니라 목표 달성에 걸림돌이 된다고 여긴다.

　그러나 잠을 무조건 줄인다면 얻는 것보다 잃는 게 더 많다. 밤새 충분한 수면을 취하고 일어난다면 이미 첫 출발은 성공한 셈이다. 질 좋은 수면은 우리의 일상과 업무에 날개를 달아주기 때문이다.

　수면의 질이 우리의 건강과 일상에서 차지하는 비중을 소홀히 여겨선 안 된다. 매일 충분한 수면 시간을 유지하는 노력은 신체적 에너지를 충전하는 일과 곧바로 연결되고, 건강한 하루를 시작하는 일은 인생의 목표를 실현하는 첫걸음이기 때문이다.

° 잠들기 직전에 꺼야 하는 건 전등만이 아니다

심리학자들은 불면증의 원인을 심리적인 기저에서 찾아야 한다고 말한다. 하루 종일 긴장 상태로 자신을 내몰다 보면 팽팽하게 당겨진 현처럼 정신줄이 끊어지기 일보 직전일 수밖에 없다. 긴장감이 낮 시간 내내 유지되면 업무가 끝났다고 해도 수면 상태로 들어가기 어렵다.

잠은 보통 인간의 의식이 완전히 무장해제된 상태에서 이루어진다. 따라서 어떤 일이나 잡념에 자신의 의식을 옭아매지 말라. 잠들기 직전엔 마음이 평온하도록 일상의 스트레스와 고민의 스위치를 꺼둬야 한다.

특히 잠자리에서는 낮 동안 전전긍긍했던 고민거리나 중요한 업무를 떠올려선 안 된다. 왜냐하면 심리적으로 초조해지면 인체는 각성 물질을 분비해서 수면 상태로 진입하는 것을 방해하기 때문이다. 밤새 푹 잤다면 마음속에 부담이 없음을 방증한다. 천진난만한 갓난아이들이 두 팔을 뻗고 잠들 수 있는 이유는 근심 걱정이 없기 때문이다.

따라서 잠자리에 들기 전엔 가벼운 음악을 듣고 산책을 하거나, 즐거운 대화를 통해 일상의 고민으로부터 의식적으로 멀어져야 한다.

° 침실은 잠을 자는 공간이다

어떤 사람은 잠자리에 든 이후에도 이리저리 몸을 뒤척일 뿐 머릿속은 잡념으로 가득하다. 낮에 읽었던 책의 한 구절이나 드라마의 결말, 풀지 못한 문제 따위를 떠올린다. 이런 생각이 떠오르는 걸 막으려면 침대에서 책을 읽거나 공부를 하지 말아야 한다. 졸음이 오기 전까지라고 해도 안 된다.

심리학자들의 분석에 따르면 동일한 환경에서 어떤 행위를 계속 반복하면 자연스럽게 인체는 동일한 환경에 처했을 때 똑같은 행위를 취한다고 한다. 즉 침대에서 습관적으로 책을 읽는다면 우리 몸은 침실을 '독서 공간'으로 인식하게 된다는 것이다.

인체가 이런 암시에 노출되지 않으려면 침대에서 책을 읽거나 취미에 몰두해선 안 된다.

그보다는 우리 몸이 적당히 피로를 느끼도록 해서 수면 상태에 들어갈 준비를 해야 한다.

° 건강관리는 질 좋은 수면의 지름길

질 좋은 수면을 취하기 위해서는 평소 건강관리에 유의해야 한다. 업무 시간에 습관적으로 카페인이 많은 음료를 마시거나 자극적인 음식을 먹어서 신경을 흥분시키지 않도록 하라.

수면을 유도하는 약물에 의지하는 것은 가능한 한 피하고 수면 습관이 자연스럽게 형성되도록 신경 써야 한다.

강박증
당신은 현관문 잠금장치를 하루에 몇 번이나 확인하는가

판빙빙(范冰冰)이 출연한 중국 영화 〈애정호규전이(愛情呼叫轉移, Call for Love)〉에서 남자 주인공은 아내와 사사건건 대립한다. 왜 컵은 항상 같은 위치에만 놓아야 하는지, 어째서 컵의 위치조차 마음대로 바꾸면 안 되는지, 왜 치약은 항상 아래쪽부터 짜야하는지 등등…. 어느 날 불만이 극에 달한 남자 주인공은 이혼을 결심한다. 사실 심리적 강박증에 관한 영화 속 설정은 현실에서 수많은 사람이 경험하는 에피소드다.

간단히 말하면 강박증은 뇌리에 어떤 관념이 반복적으로 떠오르는 걸 의미한다. 강박증 환자는 내면의 초조한 심리를 완화하기 위해 특정한 관념에 사로잡힌 동작을 되풀이한다. 사실 그들의 관념과 행위는 현실에서 아무런 효력도 발휘하지 못하며 굳이 하지 않아도 되는 것이다. 하지만 강박증 환자들은 이를 심리적인 장벽으로 인식하면서도 스스로 벗어날 수 없기 때문에 매우 고통스럽게 여긴다.

정상적인 삶을 방해하는
강박증

O의 강박증은 남자 친구가 볼 때 이미 중증에 도달했다. O는 무슨 일을 하든 항상 걱정부터 늘어놓고 이미 끝마친 일도 확인을 거듭했다. 한번은 출근한 남자 친구에게 전화가 걸려왔다. 지금 당장 자신의 집으로 가서 현관문이 제대로 잠겼는지 확인해달라는 부탁이었다. 남자 친구는 O의 고질적인 증상을 알고 있었기에 아무 문제없을 테니 안심하라고 달래주었다.

그러나 O는 안절부절못하면서 거의 울음을 터트릴 태세였다. 아무래도 현관문을 안 잠그고 온 게 틀림없다면서 서둘러 돌아가 잠금장치를 확인해달라고 애원했다. 할 수 없이 남자 친구는 먼 거리를 돌아 집으로 향했고 굳게 잠긴 현관문을 확인했을 뿐이다.

O의 불안심리는 회사에서도 다를 바 없었다. 그녀는 항상 자신이 한 일을 의심하고 또 의심했다. 한번 검토가 끝난 기안서도 수차례 검토했고 그래 놓고도 성에 차지 않아서 다른 동료들에게 확인을 부탁했다. 그녀는 매번 밤을 새워 자료를 준비했고 단 하나의 오탈자 없이 완벽한 자료도 수정에 수정을 되풀이했다. 이런 식이다 보니 그녀

의 업무 효율성은 현저히 떨어질 수밖에 없었고 상사의 눈에도 미련한 인상을 심어줄 뿐이었다.

보이지 않지만, 우리 곁에
도사리고 있는

현대인에게 강박증은 보편적인 현상이다. 사람들마다 정도의 차이가 있을 뿐 유사한 증상을 겪는다. 한 가지 생각에 사로잡히거나 같은 동작을 과도하게 되풀이할 경우, 시간과 정신적 에너지를 낭비할 뿐 아니라 주변의 친구나 가족들에게도 본의 아니게 민폐를 끼치게 된다. 이런 증세가 지속되면 마음의 병을 일으키고, 건강은 물론이요 일상에도 균열이 생기게 된다. 이처럼 일상을 잠식하는 강박증은 대체 왜 생기는지 정확한 원인을 알면 치료할 수 있다.

강박증이 항상 심각한 결과를 초래하는 것은 아니다. 강박증에도 중증과 경증의 구분이 있다. 그러나 아무리 가벼운 증세라고 해도 일상에서 초조와 의심, 비관 등의 부정적인 정서를 버리지 못한다면 주변 사람들까지 힘들게 할 수 있다. 따라서 평소 생활 습관을 통해 마음의 평정심을 유지하려면 세심한 주의를 기울여야 한다. 또 모든 일에 낙관적인 태도로 일상에서 대범함을 기르도록 하자.

˚ 위험에 대한 과도한 경계심은 병이다

어떤 일이 초래하는 부정적인 결과에 관해 과민 반응을 보이는 사람들이 있다. 남들이 보기엔 그다지 심각하지 않은 상황에서도 이들은 고통과 초조함을 느낄 뿐 아니라 한시 바삐 상황에서 벗어나고 싶은 강렬한 욕구를 느낀다.

예를 들어 손에 아무것도 묻지 않았는데도 반복적으로 화장실로 달려가서 손을 씻는 사람들이 있다. 세균에 대해 과도한 공포심이 불러오는 불안을 잠재우려고 이들은 자신도 모르게 반복적인 행동을 한다.

˚ 책임감이 커질수록 강박증도 심해진다

책임감이 커질수록 자신이 맡은 업무에 매우 예민한 반응을 보일 수밖에 없다. 위험 요소를 최소화하기 위해 반복적으로 검토하고 세밀한 부분을 다시 한 번 확인한다. 업무에 대한 부담감이 증가할수록 검토 횟수가 늘어나고 같은 동작을 되풀이하게 된다.

현관문의 잠금장치나 가스 불을 매번 확인하는 행동도 과도한 책임 의식이 작용하기 때문이다. 재산의 손실을 막고 안전을 지키려는 지나친 강박의식은 이미 확인한 상황을 수차례 되풀이하게 만든다.

˚ 지나친 완벽주의도 강박증의 원인

완벽주의는 주변에서 비교적 쉽게 찾아볼 수 있는 강박증의 대표적인 원인이다. 이러한 성향을 지닌 부류일수록 가혹할 정도로 완벽을 추구한다. 직장, 학교, 가정을 불문하고 단 하나의 결점도 용납하지 못하고 완벽한 해결 방법을 찾으려 한다. 만약 완벽하지 못하다고 생각되면 반복을 통해 이를 충족하려는 성향을 보인다.

일반적으로 강박증에 시달리는 사람들은 우유부단한 행동양식을 보인다. 예를 들어 환기를 해야 하는 상황에서도 외부에서 먼지가 들어오지나 않을까, 바깥 공기가 너무 차서 감기에 걸리지는 않을까 염려하느라 계속해서 창문을 여닫는 행위를 반복한다.

°잡념이나 공상이 망령처럼 떠돌다

정상적인 사람이라면 머릿속에 맴도는 쓸데없는 잡념이나 혼란을 야기하는 망상은 가볍게 무시한다. 하지만 강박증이 있으면 이런 망령에 사로잡히고 만다. 따라서 이런 잡념을 없애는 것이 무엇보다 중요한 일로 간주되며 이런 노력을 기울일수록 망상의 수위가 높아진다.

이런 생각에서 벗어나지 못하고 점점 더 예민해진다면 이미 강박증이 시작되었다는 증거라고 할 수 있다.

열패감
단 한 번의 실수로
재기 불능에 빠진다면

요람에서 무덤까지 경쟁에서 벗어날 수 없는 것이 현대인의 숙명이다. 너나 할 것 없이 성공을 갈망하지만 최종적인 결실을 맺는 이들은 매우 극소수의 행운아들이다. 사실 우리 대부분은 인생의 크고 작은 문턱에 걸려 매번 열패감에 빠진다. 그러나 이러한 실패와 좌절에도 평상심을 유지하는 사람들이 있는 한편, 단 한 번의 실패가 결정적인 치명타가 되어 다시는 재기에 성공하지 못하는 사람들도 있다.

바다에 빠진 사람들은 파도가 닥쳐올 때마다 깊은 수면 아래로 가라앉지 않으려고 허우적거린다. 인생도 마찬가지다. 인생의 격랑 앞에서 사람들은 극심한 공포를 느낀다. 당황한 나머지 미리 겁을 먹거나 이성 자체가 마비된다. 하지만 어떤 사람들은 차분하게 대처하면서 살아나갈 방도를 찾는다. 반면에 완전히 자제력을 잃고 그대로 체념하는 경우도 있다.

좌절에 매몰되지 않으려고 안간힘을 쓰는 사람도 있고 눈앞에서 벌어지는 상황을 매우 극렬하게 부정하는 사람도 있다. 혼란과 긴장, 초조와 불안에 시달리다 심지어 세상에 대한 분노와 극심한 절망에 빠지기도 한다.

단 한 번의 충격이
업무에 미친 여파

L은 농촌지역 출신 대학생으로, 졸업 이후 중소기업에서 첫 직장 생활을 시작했다. 비록 월급은 많지 않았지만 L은 힘들게 얻은 일터를 자랑스럽게 여겼다. 그리고 현재의 회사에서 착실히 경험을 쌓고 나서 언젠가 자신의 능력을 선보이리라는 결심을 굳혔다.

비록 사회 초년생이었지만 근면 성실하고 배우기를 좋아하는 그의 업무 태도는 회사에서 진가를 발휘했다. 어느새 상사와 동료 들은 그의 인성과 업무 능력에 높은 점수를 주었다.

2년의 시간이 흘렀다. L은 자신에게 주어진 업무에 대한 만족도가 매우 높았고 안정된 직장 생활을 이어갔다. 어느 날 휴가를 보내던 L에게 같은 대학을 다닌 기숙사 친구가 동창 모임을 제안했고, 졸업 후 동창들과의 첫 만남이 이루어졌다.

모처럼 동창회에 참석한 그날, L은 대화 내내 친구들과 자신의 처지가 눈에 띄게 차이 난다는 사실을 깨달았다. 동창 가운데 한 사람은 이미 수십 명의 직원을 거느린 어엿한 사장이 되어 있었다. 비록 자신처럼 회사의 말단 직원이라고 해도 연봉과 대우면에서 자신보다 월등히 좋은 조건이었다.

L은 매우 충격을 받았다. 휴가가 끝나고 회사로 복귀한 L은 마침 귀가 솔깃한 소식을 들었다. L의 부서장이 회사 공금을 횡령했는데 그의 직위를 대체할 후임 부서장으로 L을 포함한 몇몇 사원의 명단이 돌고 있었던 것이다. 더군다나 많은 이가 가장 유력한 후보로 L을 꼽고 있었으니 L 역시 승진에 대한 기대가 높아갔다. 그러나 모두의 예상을 뒤엎고 사장이 선출한 후임은 L이 아니라 타 부서의 사원이었다.

L의 실망감은 이루 말할 수 없었다. 낙담한 나머지 온종일 업무가 손에 잡히지 않았고 사장에 대한 원망과 배신감은 근무 태만으로 이어졌다. 회사는 L의 변화를 알아차렸고 그도 심각하게 이직을 고민하기 시작했다.

좌절 대응 방식에 따라
미래가 결정된다

좌절은 누구나 겪는 일이다. 문제는 사람마다 좌절에 대응하는 방식이

다르다는 점이다. 호랑이처럼 입을 벌리고 달려드는 시련 앞에서 고개를 밀어 넣고 꼼짝도 하지 않는다면 우리의 일상과 업무는 마비되고 말 것이다.

새롭게 도전하려는 동력이 사라지는 순간 호랑이 밥이 되는 것은 시간문제다. 인생의 시련과 좌절이라는 맹수가 달려들었을 때 적극적으로 마인드컨트롤을 한다면 다시 일어설 기회는 반드시 온다.

° 성공은 좌절 속에서도 꽃을 피운다

치열한 경쟁의 도가니 속에서 부대끼며 살아가는 것이 현대인의 운명이지만 성공의 열매를 맛볼 수 있는 행운은 소수에게만 주어진다. 사람마다 타고난 장점이 다르므로 살다 보면 자신이 해낼 수 있는 능력 밖의 상황과 맞닥뜨릴 수도 있다.

좌절의 실체를 직시하라. 인간은 고통 속에서 성장한다. 비록 좌절은 상처를 남기지만 상처를 통해 인간은 성숙한 인생을 만들어나갈 수 있다. 낙관적이고 적극적인 태도만이 일상의 여러 면에서 교훈을 찾아낼 수 있다. 성공은 이런 태도에서 꽃피우는 것이다.

° 마음에도 안전지대가 필요하다

안전감은 인간의 기본적인 정서적 욕구이다. 좌절을 겪은 이들일수록 안전감에 대한 욕구가 커진다. 실패하고 나서 상처를 치유할 수 있는 안전지대를 찾지 못하면 실패의 상처는 더욱 커지고 심지어 과격한 행동도 불사하게 된다.

따라서 좌절을 이겨낸 사람들은 시련이 지나가면 스스로 안전감을 느낄 수 있는 환경을 반드시 마련하라고 조언한다. 잠시 기댈 수 있는 둔덕을 만들어놓고 좌절을 겪었을 때 의지할 수 있어야 한다. 또 누군가 내 편이 되어줄 대상이 필요하다.

따뜻한 위안의 말과 편안한 분위기를 제공해줄 대상과 환경을 마련해놓는다면 세상으로부터 받은 상처가 재생되는 일은 시간문제다.

° 원인을 알고 좌절의 그림자에서 벗어나라

실패를 겪고 나면 패인의 요소를 부분별로 냉정하게 분석하라. 원인을 알아내면 적극적인 치료법을 찾을 수 있다. 실패의 트라우마가 독버섯처럼 번져나가는 것을 막아야 한다. 경험에서 축적한 교훈을 바탕으로 새로운 목표를 세워라. 가족과 친구들에게 정신적 지지를 구하고 사소한 격려의 말에 의지해서라도 가급적 빨리 좌절의 그림자에서 벗어나야 한다.

비관주의
이번 생도
망했습니다

같은 상황에서 비관적인 사람과 낙관적인 사람의 반응은 하늘과 땅 차이다. 이들이 결론을 이끌어내는 방식은 전혀 다르다. 전자는 장미를 볼 때 따가운 가시를 먼저 보고, 후자는 아름다운 꽃잎을 먼저 본다. 컵에 물이 반쯤 담겨 있다면 비관적인 사람은 물이 '반밖에' 남아 있지 않다고 여기고, 낙관적인 사람은 물이 '반이나' 남아있다고 생각한다.

인생을 낙관적으로 바라보는 사람은 모든 사물을 본래의 모습보다 한층 더 아름답게 바라본다는 사실을 알 수 있다. 이런 사람들은 어떤 일에서도 희망적인 결말을 이끌어내며 적극적인 자세를 취하므로 소소하지만 확실한 행복을 마음껏 누릴 수 있다. 반면에 비관적인 시각으로 인생을 바라보는 사람은 삶 전반에 불운의 장막이 드리우게 된다.

비관적인 태도를 취하게 되는 원인은 무엇일까? 비관주의자들은 우울한 결과를 자처한다. 이러한 심리의 이면에는 자책감이나 안전감의 결핍 같은 부정적인 정서가 지배한다. 아직 다가오지 않은 미래와 주변의 사물에서 항상 나쁜 면만 부각하기 때문에 긴장과 초조, 신경 쇠약으로 스스로를 몰고 간다.

비관주의가 갈라놓은
두 형제의 운명

친형제라고 하기엔 너무나 상반된 성격을 가진 두 남자가 있었다. 어릴 적부터 활달한 성격이었던 형과 달리 동생은 매사에 소극적이었다. 늘 바빴던 그들의 부모는 어린 형제를 돌볼 새도 없이 아침 일찍 나갔다가 늦은 밤이 되어서야 집에 돌아왔다. 두 형제의 부모는 아이들을 집안에 방치해두고 자기들끼리 알아서 놀도록 했다.

부모가 일하러 나가고 집에 없는 낮 시간이면 형은 마당에서 강아지와 뛰어놀거나 신이 나서 흙장난을 하며 놀았다. 온종일 무엇을 하건 말리거나 혼낼 사람이 없었기에 형은 누구의 간섭도 받지 않는 자신이 매우 자유롭다고 여겼다. 하지만 동생은 방에 홀로 웅크리고 앉아서 풀이 잔뜩 죽은 채로 슬픔에 잠겨 있었다. 아무도 자신에게 관심을 보이거나 칭찬을 해주지 않았으므로 세상에서 가장 불쌍한 아이라는 생각에 사로잡힌 것이다.

성인이 된 형제는 일을 찾아 도시로 떠났다. 이들은 같은 공장에서 임시 직공으로 일하게 되었다. 얼마 후 공장은 여러 사정상 직원을 대폭 줄여야 하는 위기에 처했다. 특별한 기술을 가지고 있지 않던 형제는 일자리를 잃게 되었다. 하루아침에 일감을 빼앗긴 두 사람은 크게 낙담했다. 하지만 형은 실직의 충격에서 재빨리 벗어났다. 그는 속으로 이렇게 되뇌었다. "온종일 공장에서 일해봤자 경력이 쌓이는 것도 아니잖아. 차라리 새로운 일을 하자. 무엇을 시작하든 지금보다는 훨씬 더 좋은 날이 올 거야."

형은 도시의 여러 곳을 전전하며 일거리를 찾다가 스스로 작은 좌판을 벌리고 장사를 시작했다. 그러나 동생은 직장을 잃고선 집 밖으로 한 발자국도 나가지 않고 한숨만 내쉬었다. 자신의 인생은 도무지 희망이 없다면서 한탄했다. 몇 년 후에 비록 규모가 크지는 않지만 형의 장사는 자리를 잡아갔다. 도시 생활을 접고 고향으로 돌아간 동생은 여전히 패배감에서 벗어나지 못한 채 근근이 살아갈 뿐이었다.

인생을 대하는 상반된 태도는 비록 같은 부모의 유전자를 물려받았다고 해도 엇갈린 운명의 길을 걷게 한다. 일상을 대하는 사소한 시각의 차이가 삶이 나아가는 방향을 바꾸어놓기 때문이다.

하루 24시간 중에서 슬퍼할 겨를 따위는 없다고 믿는 사람은 시련이 찾아온다고 해도 어떻게 해서든지 스스로 극복하는 방법을 모색한다. 정반대의 사람이라면 한 번의 좌절만으로도 모든 탈출구를 스스로 봉쇄하는 유형이므로 일생이 슬럼프의 연속이다. 자신도 모르는 사이에 비관주의에 물들지 않기 위해서는 몇 가지 주문을 외워보는 것도 좋다.

° 나쁜 기억을 아름다운 기억으로 바꾼다면

일생동안 자신이 겪은 치욕과 불운만 시시각각 떠올린다면 어떨까? 매일 아침 지독한 실패를 경험했던 공포의 순간만 눈앞에 되풀이된다면 어떨까?

실수에 대한 회한이나 후회만 기억하는 사람은 아마 인생의 어느 순간에서도 행복을 느끼지 못할 것이다. 따라서 실수나 불운으로 점철된 시련보다는 아름답고 선의로 가득한 기억을 대뇌에 저장하도록 하라.

물론 쓰라린 실패의 기억을 쉽게 지울 수는 없을 것이다. 하지만 나쁜 경험을 통해 소중한 교훈을 얻지 않았는가? 나쁜 경험으로 인한 부정적이고 후회스러운 정서는 빨리 씻어낼수록 좋다.

° 세상은 내가 원하는 대로 움직이지 않는다

바라는 것이 많을수록 실망도 크다. 매사에 지나치게 까다로운 조건을 내걸면 본인과 주변 사람들의 삶이 피곤해질 수밖에 없다. 사냥개처럼 사사건건 물어뜯으려고만 하면 아무도 옆에 있으려고 하지 않을 것이다.

관용은 나 자신은 물론이고 타인에게도 적용해야 한다. 과도한 요구는 누구라도 받아들이기 힘들며 세상은 내가 원하는 대로 움직이지 않는다는 사실을 명심하라.

° 한 발 전진하려면 때론 두 발 물러서야 한다

당장 치유가 불가능할 정도로 심각한 타격을 입었다면 현실을 비관하는 마음이 드는 게 당연하다. 이럴 땐 잠시 모든 것을 내려놓는 것도 현명한 방법이다. 조금이라도 자책감을 덜고 고통에서 한 발자국 비껴날 수 있다면 일시적으로 현실에서 벗어나는 것도 치유책이 될 수 있다.

예를 들면 독서에 빠져들거나 음악을 듣거나 영화를 보는 것은 우울한 현실에서 눈을 돌리게 해준다. 이는 기분을 빨리 바꾸는 데 도움이 된다. 차갑게 감정을 식히고 이성을 되찾고 나서 에너지가 충전되었을 때 비로소 현실에 맞서야 한다.

도피 심리

피한다고 해서 해결된다면 얼마나 좋을까

경쟁이 치열한 사회일수록 사람들이 감당해야 하는 심리적인 압박의 강도가 커진다. 이런 사회에서는 어린 아이부터 성인에 이르기까지 각종 형태의 시험과 도전을 받아들여야 한다. 만약 살면서 시련이 닥쳤을 때 당신은 이를 어떻게 극복할 것인가? 속수무책인 상황에서 현실을 부정하고 도피할 것인가, 아니면 현실을 인정하고 과감하게 맞설 것인가?

전혀 예상하지 못한 문제가 발생했을 때 소파 밑으로 먼지를 밀어 넣듯이 미뤄두는 태도는 옳지 않다. 이는 훗날 사태를 더욱 심각하게 만들므로 문제를 발견한 즉시 해결책을 모색해야 한다. 그러나 삶의 여러 시련 앞에서 능동적이고 명확한 태도를 취해야 한다는 사실을 머릿속으론 잘 알지만 실제로 심리적 문턱을 넘기란 결코 만만한 일이 아니다. 그래서 수많은 사람이 각자 몸담고 있는 학교와 직장, 일터 등에서 제 몫의 고통을 겪고 있는 것 아니겠는가. 그 뿐인가? 삶의 안식처가 되어야 할 가정이나 결혼 생활에서도 산적한 갈등을 해결하지 못한 채 울상을 짓곤 한다.

작은 성취에 만족하지 못한
청년의 자괴감

촉망받는 한 청년이 있었다. 그는 모두가 부러워할 만한 직장에 보란 듯이 입사했고 수억대의 연봉을 받으며 사회적인 성공을 거둔 듯 보였다. 하지만 어느 날부턴가 청년은 주변 친구들에게 한탄을 늘어놓았다.

"최근 들어 무슨 일을 하든 도무지 의미를 못 찾겠어. 더구나 가끔은 이대로 모든 걸 끝내고 싶어." 친구들은 그의 말을 전혀 이해할 수 없었다. 하지만 계속 이어지는 청년의 하소연에서 그가 왜 이토록 깊은 우울의 늪에 빠져 있는지 원인을 찾을 수 있었다.

사실 청년은 지금까지 자신의 적성에 맞지 않은 부서에서 근무해왔던 것이다. 하루에도 수십 번 이직을 고민했지만 현재의 높은 연봉과 대우를 그렇게 간단히 포기할 수 없었다. 오랜 고민 끝에 청년은 자신이 원하는 일을 찾았고 새로운 출발에 대한 기대감으로 가슴이 터질 듯했다.

하지만 얼마 후 또 다시 슬럼프가 찾아왔다. 막상 새로 시작한 일을 진행하는 과정에서 능력의 한계를 느꼈던 것이다. 청년은 깊은 자괴감에 빠졌고 무기력에 젖어서 현실을 부정하기에 이르렀다. 그러는 사이에 성취감을 맛볼 수 있는 기회를 스스로 포기했다. 직장 내에서 청년에게 따라붙은 무능력자라는 꼬리표는 그를 더 이상 재기할 수 없는 상태로 밀어 넣었다.

현실도피의
특징과 원인

사람이 살아가는 동안 어떻게 순풍만 기대할 수 있을까. 인생이라는 항해에서 격랑이 이는 날은 셀 수 없이 많다. 그러나 눈앞에 닥친 도전을 받아들이지 않는다면 어떤 희망도 찾을 수 없다. 인생의 2막은 시련을 통해 스스로 단련된 사람에게만 주어지는 선택지다. 그러나 우리 주변엔 너무나 많은 사람이 한풀이하듯 이번 생은 망했다고 자책한다. 그러나 이런 자책은 스스로 현실도피를 선택한 사람들의 핑계일 뿐이다.

현실을 부정하고 도피하는 성향을 가진 사람들은 몇 가지 공통된 특징을 보인다. 우선 대인 교제의 폭이 매우 좁다. 가족을 제외하고는 가까이 어울리는 친구가 별로 없다. 타인의 시시비비에 휘말리기를 꺼린다. 수치심에 매우 민감한 편이다. 아직 발생하지 않은 걱정과 시련 앞에 항상 우울함을 느낀다. 매사에 위축되어 있으며 웅대한 포부가 없다. 사람들이 북적거리는 장소는 최대한 피하려는 경향이 있다. 회식이나 모임이 있으면 항상 침묵으로 일관한다. 혹시 실수를 해서 타인의 비웃음을 살까 봐 전전긍긍한다. 앞서 열거한 특징은 낙관적인 태도와는 거리가 멀다는 사실을 알 수 있다. 이러한 특징은 우리의 일상을 지루하고 무미건조하게 변질시키는 주범이다.

이처럼 현실도피의 심리가 형성되는 원인엔 여러 가지가 있다. 이들은 확고한 인생관을 확립하기도 전에 일단 전력 질주한다. 가치를 실현하기 위해 원대한 계획을 세우지만 모든 노력에 반드시 보상이 따르는 건 아니지 않은가. 따라서 목표치에서 조금만 멀어져도 엄청난 심리적 타격을 입는다. 그러면서 지금까지 유지해오던 일상의 모든 추진력을 완전히 잃어버린다. 하루아침에 다른 사람이 된 듯 완전히 기가 꺾인 채 염세적인 성향으로 일관한다.

이런 사람들은 자괴감에 사로잡혀 어떤 일이 주어져도 해내지 못한다. 이는 적절한 처신으로 자신을 잘 지켜야 한다는 전통적이고 보수적인 가치관의 폐해가 아닐 수 없다. 중용의 가치를 잘못 이해할 경우 이 같은 폐해에서 비롯된 자괴감에 젖기 쉽다. 이런 사람들은 멍석을 깔아놓으면 자신의 능력을 드러내길 꺼려한다. 남의 눈에 혹시 중뿔난 망아지처럼 보일까 봐 항상 주변을 살피고 몸을 사린다. 그 결과 현대인이 필수적으로 갖춰야 할 진취적인 태도나 개척 정신과는 동떨어지게 되는 것이다.

인생이라는 바다를 항해할 때 폭풍우가 두려워 배 밑으로 숨는다면 스스로를 포기하는 것과 다름없다. 이런 도피 심리에서 벗어나려면 몇 가지만 기억해두자.

° 대충 넘기다가는 언젠가 고장 나게 되어 있다

원대한 목표 의식이 없는 사람들은 매 고비마다 손쉬운 도피를 선택하게 된다. 앞날에 대한 큰 그림이 없기 때문에 대충 이 순간만 넘기면 된다는 심리에 사로잡히게 되는 것이다. 이런 식으로 하루하루를 모면하다 보면 더 큰 시련이 닥쳤을 때 모든 회로가 고장 난 차처럼 멈추게 된다. 목적지를 설정하지 않고 도로를 주행할 때 갑자기 전방에 장애물이 나타나면 당황할 수밖에 없다. 처음부터 목적지가 정해지지 않았기 때문에 어디로 가야 할지 모르는 것은 당연한 일이다.

어차피 목적지가 없는 인생이기에 후진을 해도, 시동을 꺼도 그만인 상황이 오는 것이다. 현실의 장벽을 돌파하는 길은 어떤 장애물이 닥쳐도 끄떡도 하지 않을 원대한 이상을 가슴에 새겨놓는 것부터 출발한다.

° 자신감은 내 마음에 달려 있다

사실 인생에서 가장 두려운 것은 시련이나 실패 그 자체가 아니다. 정말 두려운 것은 자신감의 상실이다. 어떤 일이든 나는 할 수 있다는 믿음을 가져야 한다. 자신의 숨은 장점을 스스로 발견하고 성취감을 느끼면 스스로 어떤 기회든 만들어낼 수 있다.

자신감은 드러낼수록 커진다. 스스로 안 된다는 생각에 사로잡히지 말고 자기암시를 통해 자신을 독려해나가야 한다. '나는 항상 최고다', '나는 반드시 성공한다'는 주문을 외운다'면 시련을 마주할 용기가 생겨난다.

° 마음을 열면 해결 방법도 눈에 들어온다

인적 네트워크를 총동원하는 사람은 비단 업무에서는 물론이고 일상에서도 많은 도움을 기대할 수 있다. 누군가 먼저 다가와 줄 것을 기대하거나 환경 탓만 하지 말고 어느 곳에 가든 스스로 마음을 열어야 한다.

적극적인 태도와 진정성을 기반으로 주위 사람들과 어울리도록 하라. 외부의 각종 활동에 참여하여 새로운 사람들과 어울리면 일상에 활기를 불어넣을 뿐 아니라 능력 밖의 문제가 생겼을 때 해결의 실마리를 얻게 된다.

옮긴이 임지영

바른번역 소속 번역가. 옮긴 책으로 《박물관의 고양이》, 《고양이 사용 설명서》, 《결국 이기는 사람들의 비밀》, 《루쉰의 편지》, 《중국역사 오류사전》, 《진유동의 만화 삼국지》(전 20권), 《역사, 경영을 말하다》 등이 있다.

심리학 덕분에 사회생활이 편해졌습니다

초판 1쇄 발행	2019년 12월 24일
초판 2쇄 발행	2020년 1월 15일

지은이	부웨이신
옮긴이	임지영

펴낸곳	(주)행성비
펴낸이	임태주

책임편집	고여림
디자인	이새미

출판등록번호	제313-2010-208호
주소	서울시 마포구 토정로 222 한국출판콘텐츠센터 318호
대표전화	02-326-5913
팩스	02-326-5917
이메일	hangseongb@naver.com
홈페이지	www.planetb.co.kr

ISBN 979-11-6471-090-4 03180

※ 값은 뒤표지에 있습니다. 잘못 만들어진 책은 구입하신 서점에서 교환해 드립니다.

※ 이 도서의 국립중앙도서관 출판예정도서목록(CIP)은 서지정보유통지원시스템 홈페이지(http://seoji.nl.go.kr)와 국가자료공동목록시스템(http://www.nl.go.kr/kolisnet)에서 이용하실 수 있습니다.(CIP제어번호: CIP2019049012)

행성B는 독자 여러분의 참신한 기획 아이디어와 독창적인 원고를 기다리고 있습니다.
hangseongb@naver.com으로 보내 주시면 소중하게 검토하겠습니다.